JN410806

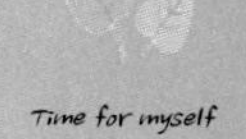
Time for myself

삶의 쉼표가 필요한 때 나를 위한
시간 속으로 당신을 초대합니다.

나를 위한 시간들

초판 1쇄 인쇄 2023년 11월 25일
초판 1쇄 발행 2023년 11월 30일

지은이 박혜선
펴낸이 金泰奉
펴낸곳 한솜미디어
등 록 제5-213호

편 집 김태일, 김수정
마케팅 김명준

주 소 (우 05044) 서울시 광진구 아차산로 413(구의동 243-22)
전 화 (02)454-0492(代)
팩 스 (02)454-0493
이메일 hansom@hansom.co.kr
홈페이지 www.hansom.co.kr

ISBN 978-89-5959-583 9 (03810)

*책값은 표지에 표시되어 있습니다.
*잘못 만들어진 책은 구입하신 서점에서 친절하게 바꿔드립니다.

나를 위한 시간들

Time for myself

박혜선 지음

P·r·o·l·o·g·u·e

내가 글을 쓴다는 것은 어떤 마음들을 잃어버린다는 것이기도 했다. 열정적 가치에 매몰되어 무엇인가가 완성되는 순간 그것을 완전히 잃고 그 잃었다는 것까지 완전히 잊고 기다림의 삶을 애틋함으로 살아가듯, 실존의 아픔을 토닥이며 인간에 대한 본질을 드러내는 일이었기에 때로는 두려웠다. 그것은 죽을 때까지 삶을 고집해야 한다는 관용구를 내 마음속에 담아두는 일이었다.

그러나 이제는 그 언저리를 헛짚는 감정들 역시 내가 살아 내야 할 삶의 최대 스펙트럼이었다는 걸 알기에 때로는 나에게 희망이었다. 그리고 누구에게도 삶은 그리 호락호락하지 않다는 것과 소소함의 가치가 우리 삶의 전부라는 깨달음은 나를 더 성숙하게 만들어주었다.

아쉬움이 앞서는 서툰 문장이지만 누군가의 평범한 감정 속에서 잠깐의 휴식, 일상에 스며드는 공간이 되어주었으면 좋겠습니다.

물론 가장 감사한 사람은 이 글을 읽고 마음을 나눠주고 있는 바로 당신입니다. 진심어린 고마움을 전합니다.

박 혜 선

C·o·n·t·e·n·t·s

Prologue 8

chapter 1 기억의 저편

Reality 19
부활의 단상 21
기억 저편의 감촉 24
기다림의 미학 26
뒷모습 28
파토스적 소망 30
상실의 자각 34
그냥 아무나 돼 36
무엇으로 희망을 말할까 40
흔해빠진 행복 이야기 42
여기 노란 꽃이 피었어요 44
어느 날 내게 사랑이 48
당신이 매일 행복했으면 좋겠습니다 50
어떤 사람으로 기억될까 53
그대 평화롭기를 56
당신의 부름처럼 58

부재된 기억 60
미성숙으로 남은 일상 63
정작 우리가 부끄러워해야 할 것들 66
관계의 지속 68
민들레 꽃 부고장 71
그만큼만 아름다울 수 있다면 74
내 안에 모두가 있었다 76
Hey, 재이 78
고마워 나랑 함께해 줘서 81

chapter 2 리틀 포레스트

관심과 애정의 관계 87
운명과 공생하기 90
TED의 강연 94
행복을 위한 경제적 자유 97
보이는 삶 101
부부간의 신뢰와 사랑 104
샤워실의 바보 108
리틀 포레스트 111
호더스 증후군 114
어떻게 살아야 할까요 117
뉴노멀의 일상 120

착한 식당≧못된 식당 123
종교를 가진다는 것 126
반려종 선언 129
나에게 멘토란? 132
그분 134
꼰데기와 콩테 136
기억하는 유년 140
넌, 정말 사랑이야 143
모든 상처는 다 아프다 148

chapter 3 데미안과 크로머의 세계

발레리나의 발 155
조제프 롤랑 157
삶이 우울할 땐 르누아르 159
론강의 별이 빛나는 밤에 161
프시케와 에로스 163
수련 연작 165
아르놀피니의 결혼 167
나비의 꿈 169
이카로스의 날개 172
데미안과 크로머의 세계 176
흰 라일락과 장미꽃 179

박사가 사랑한 수식 181
크로노스의 시간 속에서 183
도플갱어 185
나만의 유토피아 187
하 · 그 · 비 189
철학자가 되어본다는 것 191
입맞춤 193
사랑하는 이를 기다리며 195
어린 왕자와 장미꽃 197
거울 앞의 소녀 200
낭만적 사유 202
나타샤 왈츠 205
옳고 그름의 유혹 207
방랑자의 숨결 210
미제레레 212
내가 가장 하기 힘든 말 214

chapter 4 채움과 비움

편린의 마음 219
인생은 축제와 같은 것 221
사사와 자마니의 시간 223
본질의 흔적 225

미완의 존재 228
스· 마· 일 231
채움과 비움 233
서로의 가치전환 236
결혼 이야기 239
감정과 이성의 다툼 243
나를 위한 시간들 247
외뿔고래 252
헤라클레스의 손짓 255
어떤 위로 258
어떤 감동 261
내 안의 친구 264
반짝이는 깨달음 267
한여름 밤의 꿈 269
'yes'와 'no' 사이 273
집 밥의 로망 276
노마드 라이프 279

Time for myself

기억의 저편

The far side of memory

Time for myself

Reality

새해 첫날 아침, 친구가 영화 ‘라 붐La Boum’의 주제가 ‘Reεlity’를 영상으로 보내왔다. 영국 출신 가수 ‘리처드 샌더슨’이 부른 노래다. 영화 속 커다란 눈망울의 단발머리 소녀 소피 마르소의 앳되고 청순한 모습이 자연스럽게 떠오른다. 영화는 지방에서 파리로 전학 온 13살 소녀의 풋풋하고 애틋한 첫사랑의 꿈을 그렸다. 주인공 소녀가 첫 파티에서 소개받아 그녀의 맘을 설레게 했던 소년이 씌워준 헤드셋에서 이 곡이 흘러나온다.

당신을 만난 건 우연이었죠
그때는 알지 못했어요
내 삶이 영원히
바뀌어버렸다는 것을

나는 현실 대신
꿈속에서 살아가죠
꿈은 또 다른 현실이에요
내가 머물고 싶은 멋진 세상이에요
나는 현실 대신
꿈속에서 살아가죠
어쩌면 이게
내 현실인지 모르죠

다시 돌아갈 수 없는 시간은 늘 유혹적이다. 그 유혹은 시간의 흐름 속에 담긴 다양한 감정의 변화를 말하는 것이겠지만 내 감정마저 누군가의 허락을 받을 필요는 없다. 나는 그냥 내 몫의 일을 하면 되니까. 누구나 꿈속에서 또 다른 현실을 오가며 살아간다. 그리고 언젠가 그 꿈속에 숨어 있는 일몰의 아름다움을 맞이할 거라 생각한다. 기분 좋은 새해 첫날의 시작이었다.

부활의 단상

혹독한 겨울이 비밀처럼 빠져나간 자리에 새싹들이 얼굴을 보였다. 작년 여름에 꽃을 피웠던 '샤스타데이지'의 부활이었다. 온갖 두려움 속에서 감격의 아침을 맞이하는 기쁨이 이런 걸 말하는 걸까. 두렵고 떨리는 마음으로 새싹들을 바라보며 마음의 대화를 나눈다.

”

삶이 폐허가 된 순간에도 당신이라는 꽃은 그 어떤 억울함도, 분노도 없이, 어떻게 모든 것을 내려놓고 다시 피어날 수 있었나요? 정말이지 오래 힘들고, 오래 외로웠어요. 우리가 얼마나 서로를 기다려왔는지 아는데, 이만큼의 시간이 필요했나 봐요. 당신을 만나 행복했던 시간들이 빠르게 흘러가고 나의 모습마저 허무하게 사라지고 나의 이름만 남게 되던 날, 난 실존의 문제를 생각하게 되었어요. 결국 변하지 않는 것은 나의 이름이라는 불변의 사실과 변화하는 것은 나의 새로운 모습이라는 가변의 사실에 대해 알게 되었고, 당신과 내가 서로 하나라는 것도 알게 되었어요. 그래서 난, 내가 이 세상에서 제일 추한 꽃으로 변해버리고 이제 살아갈 희망도 이유도 없는 것만 같았던 날, 스스로를 믿으며 죽음을 통한 부활을 택하기로 했지요.

물론 부활을 위해 스스로를 믿는다는 것은 가벼운 즐거움을 추구하는 동물적인 나를 위해서가 아니라 거의 언제나 그것에 거스르며 온갖 물음을 해결해야 한다는 의미이기도 했어요. 그리고 매일 같이 나를 들여다보며 마음을 나눠주었던 당신을 보며 만약 내가 움직일 수만 있다면 당신이 행복한 꿈을 꿀 수 있도록 가만히 손을 잡아주고 싶었어요. 그리고 만약 내가 말을 할 수만 있다면 언제나 나만 바라볼 수 있도록 하루 종일 얘기하고 싶었어요. 그리고 만약 내가 당신과 운명을 같이할 수 있다면 상처보다 치유가 더 아픈 당신에게 비로소 내가 누군가의 사랑이었다는 것을 보여주고 싶었어요.

”

사랑받지 못한 자의 더 큰 사랑을 받지 못한 사랑 때문에 칭얼거리지 않고, 한 번도 배운 적 없는 사랑을 조건 없이 베푸는 존재, '샤스타데이지'… 눈부신 빛깔과 향기로 당신의 형체를 지워내야만 하는 날, 그땐 내가 품었던 당신의 더 큰 사랑과 아름다움을 위해 더 커다란 정원이 되어줄게요. 지는 꽃잎에 황홀한 외로움이 스며와도 저는 여기 이 자리에 그대로 있어 줄게요. 당신의 꿈을 끝없이 생각하고 끊임없이 바라보며 당신과 함께할게요.

기억 저편의 감촉

창밖에 슬그머니 나타난 고라니 엄마가 새끼 두 마리를 데리고 나타나 부끄러운 고갯짓으로 서로의 사랑을 뽐내고, 옆집 물오리는 잔디밭을 헤집으며 한참 동안 수다를 떨다 자리를 비웠다. 조용히 다가와 시선에 머물렀던 그들의 다정함과 따뜻함을 가슴에 떠올리며 내가 세상에 태어나 어머니가 나를 처음 안아주었던 순간을 생각해 본다.

그 순간을 정확히 기억할 순 없어도 그때의 그 편안함과 따뜻함, 어루만짐의 감촉과 처음으로 한 걸음을 떼었을 때, 나의 발끝에 머물렀던 다정한 시선과 애처로운 마음으로 나를 얼싸안아주며 기뻐하던 모습은 영혼 깊은 곳에 각인되어 결코 잊을 수 없다. 기억하지 못하지만 기억과 함께했던 사랑의 냄새와 목소리는 지금도 여전히 나의 무의식을 지배하고 있다.

누군가의 꿈이 만들어낸 우리의 존재, 그래서 우리는 내가 했던 수많은 일도 기억하지 못하기에 기억 이전에 받았던 누군가의 꿈을 잊지 못하고 있다. 결코 잊지 못할 꿈들을 가지고 있기에 그저 행복해서 눈물 나는 기억 저편의 감촉을 느끼고 싶어 한다.

기다림의 미학

종지나물, 긴병꽃풀, 솜방망이, 애기나리, 각시붓꽃
침묵에 대한 믿음 속에서 나는 꽃으로 피어나지 못했다
모두가 사랑으로 피어나지 못했어도 기다림 때문에
죽을 수 있다는 것은 슬프지만 아름답다
기다림의 미학이다

파란 잉크를 똑똑 떨어뜨린 종지나물, 자색 꽃이 되어 피었다
입술을 뾰족이 내민 긴병꽃풀, 연분홍색 꽃이 되어 피었다
여린 솜털을 매달고 나온 솜방망이, 노란색 꽃이 되어 피었다
달개비 떡잎을 가진 애기나리, 하얀색 꽃이 되어 피었다
붓에 먹물을 머금은 각시붓꽃, 보라색 꽃이 되어 피었다
기다림의 미학이다

똑같은 기다림으로 피어나지 못한 꽃들에게
슬프지만 아름답다고 위로의 말을 전해 주는 꽃들이
꿈결 같은 비상을 이루며 창공을 날아오른다
화려하게 예쁘다, 존경의 맘이다

뒷모습

아무 설명도 없는 뒷모습 사진 한 장에 오래 시선이 머물 때가 있다. 장을 보고 집으로 돌아가는 노부부의 다정한 뒷모습, 고개를 푹 숙이고 벤치에 홀로 앉아 고뇌에 찬 뒷모습, 서로의 품에 기대어 속삭임을 나누는 행복한 연인들의 뒷모습도 보인다. 그 뒷모습에서 흐드러진 사랑의 어루만짐과 냄새, 제 몫의 쓸쓸함과 애잔함, 그리고 안쓰러움이 묻어난다. 앞모습에선 거짓된 눈빛과 지어낸 표정으로 애써 좋으면서도 싫은 척, 아니면서 그런 척, 내 마음을 가릴 수 있겠지만 뒷모습에서는 앞모습에서 감추고 싶었던 속내가 여실히 드러난다. 마주 보며 나눈 표정이나 말보다 꾸미지 않은 꾸밀 수도 없는 뒷모습에서 더 진실한 이야기를 발견할 때가 있다.

때로 타인에겐 바로 나로 기억되었을 수도 있을 뒷모습, 살면서 살뜰히 챙기지 못한 나의 반쪽, 나의 뒷모습은 어떻게 생겼을까. 매일 아침마다 거울을 보고 머리와 옷매무새를 다듬고 화장을 하지만, 정작 내 뒷모습은 언제나 낯설고 평면적이다. 나의 뒷모습은 겉으로 드러내고 보여주려고 하는 모습 이면의 진짜 내 속마음과 닮았을지도 모른다. 항상 거기 있지만 어떤 계기가 되지 않으면 현실을 직시하지 못하고 살아가는 나의 모습과 닮았다. 지금도 내가 어렸을 때, 등 뒤에서 아빠가 나를 안아주었던 감촉이 기억난다. 그 편안함과 따뜻함이 아스라한 기억 저편의 영혼 깊은 곳에 각인되어 나의 무의식과 정서를 지배하고 있다.

오늘도 앞서가는 사람들의 뒷모습에서 보이지 않는 다양한 감정과 분위기가 느껴진다. 손을 뿌리치고 냉정하게 뒤돌아서는 앞사람의 뒷모습에서 특정한 이해가 접혀 있는 진실의 가면을 감지한다. 비정하게 보일지 모르지만 그것 역시 진실이라 생각된다. 하루에 수십 번 자기의 앞모습을 보고 그냥 내가 하고 싶은 모든 것들을 하면서 살아도 뒷모습은 꾸미지 못한다. 뒷모습은 철저히 다른 환상과 신비의 대상이다. 뒷모습은 그저 몸의 한 공간이자 그 공간의 전체일 뿐이지만 살아온 세월 동안 감내했던 무게, 참아왔던 욕구, 덮어왔던 상처 같은 것들이 스멀스멀 느껴진다. 그래서 뒷모습은 더 짠하게 느껴진다.

파토스적 소망

내가 먼저 봄볕같이 따스한 사람이 될 수 있기를…
따스함이 느껴지는 사람은 한겨울 따뜻한 이불 밑이 그립듯 자꾸만 생각이 나고 가까이 가고 싶어진다. 서로의 따스함에 끌려들어 서로의 마음이 열리고 함께 행복해진다. 그리고 그 따스함은 너무 뜨겁지 않아서 가까이 가도 데일까 걱정하지 않아도 된다. 포근한 마음으로 받아줄 수 있는 자족함과 여유로움마저 느껴진다. 하지만 나는 아직도 상대를 자신의 테두리 안에 들이는 일이 쉽지 않다. 그래서 나는 내가 먼저 봄볕같이 따스한 사람이 될 수 있기를 소망한다.

내가 먼저 감사하는 마음을 가진 사람이 될 수 있기를…
'고마워요', '감사해요'라는 한 마디 말이 마음을 녹여 굳어버린 관계를 풀어주고 식어버린 사랑을 다시 덥혀준다. 감사하는 마음은 만족스런 삶을 열어주는 열쇠다. 타인에게 인색하면서 자신에게 너그러운 사람이 되지 않게 해달라고 기도하는 것도 감사의 마음이다. 내가 먼저 감사의 마음을 전한다면 서로의 삶이 감동으로 물들게 된다. 그래서 나는 내가 먼저 감사하는 마음을 가진 사람이 될 수 있기를 소망한다.

내가 먼저 이타적인 사람이 될 수 있기를…
나 자신의 이익이나 행복만을 고집하는 이기적인 사람보다는 타인의 행복과 이익도 도덕적 행위의 목적으로 함께 생각하는 사람이 더 커 보인다. 그래서 이타적인 마음을 가진 사람한테는 사랑 안에서 모두가 함께할 수 있을 거라는 믿음과 마음의 풍요가 느껴진다. 내가 먹고 자고 생활하는 모든 것들이 누군가와 연관되어 있으며, 그들과 함께하지 않으면 아무것도 이루어질 수 없다는 것을 알면서도 가끔씩 이기적인 마음에 흔들린다. 그래서 나는 내가 먼저 이타적인 사람이 될 수 있기를 소망한다.

내가 먼저 남을 비교하지 않는 사람이 될 수 있기를…
수많은 사람들이 타인과의 비교를 통해 자기 기준을 정하려 든다. 하지만 비교하는 순간 비극은 시작된다. 대부분이 반감이나 좌절감을 느끼고 부작용만 남는다. 거북이와 토끼를 비교대상으로 삼을 수는 없다. 그러니 더 이상 타인과의 비교심리로 기가 죽거나 고통을 떠안지 말자. 가치 있는 삶을 살아온 사람은 어제의 자기 모습과 오늘의 자기 모습을 비교하며 그 의지에 따라 삶의 변화를 가져온 사람들이다. 그래서 나는 내가 먼저 남을 비교하지 않는 사람이 될 수 있기를 소망한다.

내가 먼저 정직한 사람이 될 수 있기를…
사람은 누구나 기본적인 양심을 가지고 있으며, 기본 양심에서 이탈하면 정직하지 않은 사람이 된다. 그리고 저마다의 마음속에는 자기만을 이롭게 하고자 하는 속마음이 내재되어 있다. 하지만 그러한 속마음의 실현이 눈앞의 작은 이익을 가져다줄 순 있지만 결코 오래갈 수 없다. 사람들은 안과 밖의 마음이 똑같은 사람이 정직한 사람이라고 말한다. 정직은 미래를 위한 착실한 투자이며, 옳지 않은 모든 유혹과 그릇된 길을 막아주며 기준 잡힌 인생을 살아가게 만들어준다. 그래서 나는 내가 먼저 정직한 사람이 될 수 있기를 소망한다.

내가 먼저 남의 말을 경청해 주는 사람이 될 수 있기를…
조용히 남의 말을 들어준다는 것은 상대방에게 나는 너를 지지하고 믿어준다는 의사를 전달하는 것과 같다. 경청은 마음으로 듣는 것이다. 말 한 마디, 손짓 하나에도 진심이 통한다. 진심으로 잘 듣는 것이 상대의 마음을 얻어낼 수 있다. 그래서 나는 내가 먼저 남의 말을 잘 들어주는 사람이 될 수 있기를 소망한다.

내가 먼저 상대를 미워하지 않는 사람이 될 수 있기를…
미워하는 인간관계를 만들면 마음에 고통만 더해질 뿐 좀처럼 마음의 평온을 유지할 수 없다. 상대를 미워하면 내 마음도 함께 구겨진다. 몸과 마음은 함께 맺히고 함께 열리게 되어 있기 때문이다. 상대를 미워하면 내 마음까지 가난해진다. 서로 사랑할 시간, 감사한 시간은 더욱 빨리 지나감을 알고 있음에도 그렇다. 이럴 땐 차라리 내가 상대를 미워하는 것보다 상대가 나를 미워하는 편이 낫다. 그래서 나는 내가 먼저 상대를 미워하지 않는 사람이 될 수 있기를 소망한다.

상실의 자각

사람은 고향 집이 이미 사라졌다는 걸 알면서도 그 앞을 서성거리듯 기억과 미련의 존재는 과거를 수선해서 쓸 수밖에 없다는 건 마음 아픈 일이 아닐 수 없다. 그중 우리를 가장 슬프게 하는 일은 기억에 갇혀 있던 모습까지도 소멸해 가는 기억의 상실이다. 모습이 사라지면 이름도 잊히고 이름이 잊히면 기억도 사라지니 이것이 상실의 아픔이다.

밑바닥으로 추락하는 대부분의 감정들은 아지랑이처럼 실체가 없다. 지나온 차갑고 단단한 시간들은 서술적 삶의 허구성에 무릎을 꿇는다. 시간의 고독 속에 마주한 사람들은 살아가는 것보다 죽는 것이 쉽고, 희망을 말하기보다 절망을 가지는 것이 더 쉽다는 걸 안다. 감정의 이면을 헤아리지 못하는 나를 나무란다.

우리는 매일 죽지만 매일 태어난다. 나를 지키는 것이 얼마나 어려운 일이며 얼마나 가치 있는 일인지에 대해 깨달으며 묻기를 멈추지 못하겠지만 누구나 한 번은 죽음을 마주하게 된다면 살면서 두려워할 것은 없다. 그저 무슨 일이 있더라도 즐겁게 살며 분노심을 줄이고 아량을 넓혀나가기를 노력하라는 말에 희망을 걸어본다.

클림트의 '가르다 호숫가 말체시네' 캔버스, 아무 일도 없는 마을 너머로 조용한 바다를 엿보며 층층 계단을 오른다. 구름 가득한 하늘, 거둘 것이 텅 빈 바다는 쳐다보지도 않고 오로지 성냥갑처럼 지어진 집 사이로 길을 걸어보지만, 동네 사람들은 모두 상실의 자각에 잠들어 있는 듯 인적이 없다. 모두가 잠에서 깨어나 상실을 자각하게 되면 그 뒤에 이어지는 상실의 고통은 또 얼마나 큰 걸까. 축약될 수 없는 고통에 빠져 막막해할 사람들 생각에 가던 길을 돌아선다.

그냥 아무나 돼

Back to the days when we were
So young and wild and free
모든 게 너무나 꿈만 같았던
그때로 돌아가고 싶은데
왜 자꾸 나를 밀어내려 해
Why do you push me away
I don't want nobody nobody
Nobody nobody but you

언제 들어도 모든 게 너무나 꿈만 같아 자꾸만 그때로 돌아가고 싶은 노래 '노바디' 가사 중 마지막 소절이다. 위 노래 제목처럼 'Nobody(아무나)'로 살아도 괜찮다는 노바디족이 점점 늘어가고 있는 것과 관련하여, 언젠가 방송에 출연한 연예인이 초등생 소녀에게 해줬던 말이 생각났다. "뭘 훌륭한 사람이 돼. 그냥 아무나 돼.", "어른이 되면 어떤 사람이 될 거냐?"라고 물은 MC의 질문에 "훌륭한 사람이 되어야지"라고 답한 출연자에게 타박하듯 건넨 말이었다. 초등생 소녀마저 웃게 만든 이 말에 온라인과 소셜미디어에는 "말할 수 없이 해방감을 느꼈다", "눈물 나게 좋은 말", "역대급 카타르시스" 같은 반응이 넘쳐났다. '아무나'가 되어 평범하게 사는 삶도 훌륭한 삶이라는 노멀크러시Normal Crush에 대해 젊은 세대가 집단적 동의를 표한 것이다.

때로는 돈·지위·좋은 직장 포기도 감수할 줄 아는 이들은 내일이 기다려지는 오늘을 보내고 싶다고 말한다. 그러면서 우리는 이제까지 남의 삶을 살고 있었으며, 승자독식의 극단적 경쟁사회에 우리는 지칠 대로 지쳤다. "이것이 정녕 성공이고 행복인가? 친구들은 대부분 고시를 패스했거나 대기업에 다니지만, 그들과 비교하며 우울해하지 않아요. 사회적 기준에선 그 친구들이 자신보다 더 성공한 모습이겠지만, 저는 지금 제가 하는 일이 너무 좋거든요. 사람들은 더 치열하게 살고, 더 높이 올라가는 게 더 좋은 삶이라고 당연한 듯 믿고 있지만, 전 '아무나'로 사는 지금의 제 삶이 꽤 만족스러워요.

성실하게 전념하면서도 오랫동안 일을 하려면 숨 쉴 공간 같은 여백이 꼭 필요하다고 생각해요. 평범한 것이 가장 행복한 삶인 것 같아요. 사회가 말하는 성공은 돈을 많이 벌고 높은 자리에 오르고 서울에 좋은 집을 사는 거죠. 하지만 부와 명예를 얻는 것보다는 내 가치관에 맞고, 하고 싶은 일을 하는 것이 훨씬 더 중요해요. 사람들은 성인이 되면 남의 욕망과 자신의 욕망을 분리해야 하는데, 우리 사회엔 그걸 못 하는 사람들이 참 많은 것 같아요. 그러다 저처럼 '어, 이건 내가 원한 삶이 아닌데?' 문득 깨닫게 되는 거죠. 일하고 있다는 자부심과 '내 시간'을 확보하는 것이 행복의 가장 중요한 조건이라고 생각하기에 박봉이지만 저는 내 몸에 딱 맞는 삶을 찾았다고 생각해요."

이렇듯 평범한 삶이 가장 행복한 삶이라는 깨달음과 함께 평범한 것에 열광하는 노멀크러시가 젊은 세대의 화두로 떠오르고 있다. 갓 구워낸 빵을 손으로 찢어 먹으면서 하나씩 떨어져 나가는 낙엽 속을 들여다보는 것, 코미디 영화를 보며 킥킥대며 빈둥거리는 것처럼 스스로를 위로하고 에너지를 주는 선물 같은 시간이 인생을 진정 값지게 만든다는 의미다.

하지만 여유와 여가에 대한 열망 곁에는 언제나 성공의 욕망이 방정식처럼 따라붙는다. 그리고 우리들 삶에는 하나의 성공과 나머지의 실패들만 존재한다. 타인의 욕망이 정해 준 기준에 이르지 못했다면 그것은 실패다. 젊은 세대들은 이 같은 획

일적 정의를 거부한다. 아무리 돈이 많아도 내가 하고 싶은 걸 못 하고 살면 그게 무슨 의미가 있냐고 따져 묻는다. 그렇지만 이 질문에 망설임 없이 '그게 아니다'라고 답할 수 있는 사람은 얼마나 될까. 모두에겐 각자의 삶이 있고 자기 기준의 성공이 있다. 그래서 누구나 '아무나'의 삶을 성공이 아니라고 함부로 말할 수는 없다.

무엇으로 희망을 말할까

"1년간 날 위해서 쓴 건 국내여행 10만 원, 몸 아프지 않아 그나마 다행"
"아픈 어머니 치료비, 생활비 부담, 퇴근 뒤 식당서 3시간 더 일해"
"2년 전 다쳐 쉬었을 때 빚이 더 늘어, 딸이 가고 싶다는 학원 못 보내"
"주 4일 일하고 월급 90만 원, 월세, 학자금 대출, 식비 빼면 적자"
"최저임금 탓 자영업 힘들다는데, 내가 나쁜 사람인가 싶어 씁쓸"

저임금의 삶으로 살아가는 사람들의 목소리다. '내가 아프지 않기를 바랄 뿐이다'라는 게 이들의 희망사항이라니. 선량하게 살아가는 보통 사람들에게는 좀처럼 오지 않는 희망. 무엇보다 '내 부모처럼 살고 싶지 않았지만 자신들이 받고 있는 임금으로는 미래를 상상할 수가 없다'는 말에서 가슴이 저려온다.

경제적인 여건이 어려워졌다고는 하지만 내 주변에는 서로 엇

비슷하게 사는 친구들이 많아서 경험하지 않은 삶의 모습에 대해 이해하거나 공감하는 것이 쉽지 않았다. 이제까지 나는 내 경험의 한도 안에서만 세상을 보고 있었던 것이다. 편견 없이 세상을 넓게 볼 줄 안다는 근거 없는 자부심으로 나는 그들이 어디에서 어떻게 살아왔든 사람들은 모두 제각각 처한 상황에서 최선을 다해 살아왔음을 증명해 보이면 되는 거라고 생각했다.

하지만 그게 아니었다. 누군가에게 주어진 삶은 살아간다는 것 자체가 무의미했으며 절망이었다. 내가 누리는 삶을 우선순위에 놓고 살아가는 세상에서 내 삶이 누군가에겐 그렇게 되고 싶은 애틋한 삶의 모습이었던 것이다. 똑같이 아프지만 않게 해주기를 바라는 마음이지만 그 힘겨운 여정을 묵묵히 감내하며 막차를 기다리는 심정으로 살아가는 이들에게 무엇으로 희망을 말할까. 그래서 나의 삶은 너무 호사스럽기만 하다. 저녁 늦게까지 힘들게 일하고도 늘 어려움을 짊어지고 사는 어렵고 서러운 이웃들에게 괜히 미안한 마음이다.

정녕 마음속에서 보아야 할 것은 그토록 아끼고 챙기는 자신의 삶처럼 다른 이들의 삶 또한 귀하고 중하다는 사실이었다. 그들의 마음속에 나라는 인간을 비추어 보고 부끄러워하는 일을 멈추지 말아야 하겠다.

흔해빠진 행복 이야기

숲의 고요함 속에서 딱따구리 소리를 들어보는 것
맛집을 찾아 고독한 미식가가 되어보는 것
브런치를 먹으며 사계절 풍경에 빠져보는 것

맘대로 뒹굴면서 게으름 만끽하는 날 가져보는 것
캄캄한 방 안에서 오늘 좋았던 일만 생각해 보는 것
예쁜 카페에 앉아 파도에 몽돌 굴러가는 소리 들어보는 것

달리는 차장 사이로 떠가는 구름 바라보며 황홀해 하는 것
붉게 물들어가는 저녁노을 바라보며 로맨티스트가 되어보는 것
찻잔을 앞에 놓고 절친과 수다 떠는 시간 가져보는 것

비가 그친 아침에 집 앞 공원 산책해 보는 것
호숫가 야생화길 둘러보며 향내를 맡아보는 것
맑은 시냇물이 흐르는 산사를 찾아 무작정 걸어보는 것
이름 모를 시골집 마당에서 밤하늘의 별 바라보는 것
쇼핑센터를 찾아 나를 위한 물건들을 구매해 보는 것
마음 내킬 때 아무 책이나 골라서 읽어보는 것
내가 좋아하는 책 골라서 읽어보고 울어보는 것
내가 좋아하는 음악 틀어놓고 몽상 속에 헤매는 것

어쩌다 한 번씩 나를 위해 꽃을 사보는 것

여기 노란 꽃이 피었어요

오늘도 '재이'는 어제와 비슷한 일상으로 하루를 시작한다. 눈을 뜨면 "아, 잘 잤다"고 하면서 엄마도 함께 일어날 것을 재촉한다. 그럼 나는 "우리 재이 잘 자쪄?" 꼭 안아주면서 뽀뽀를 해준다. 이후 간단한 아침 식사를 마치고 동화책을 보거나 장난감을 가지고 놀다 잔디밭을 산책하러 나간다. 그러다 새로운 걸 발견하면 예외 없이 나를 부른다. "엄마~아, 이거 봐, 여기 노란 꽃이 피었어요. 노란 꽃이 다치지 않도록 해주세요." 그렇게 모든 생명체에 대한 보살핌을 당부하다가 오전 9시가 가까워지면 잠시 슬픈 표정이 이어진다.

유치원에 갈 시간이다. 나와 떨어지기 싫어 가지 않겠다고 노래를 부르면서도 옷을 차려입고 나면 이미 신발은 스스로 신고 있다. 유치원에 도착해서도 정문 앞에서 "엄마, 잠깐" 하며 손가락을 힘주어 잡았다가 교실 문 앞에 도착할 즈음엔 내 손을 슬그머니 놓으며 "엄마, 보고 싶어"라는 말과 함께 잠깐 눈물을 내비치고 이별의 시간을 맞이하게 된다. 하원 시간이 되면 계단을 내려오면서부터 "엄마~아! 엄마~아!"를 외치며 행복한 표정으로 달려와 안긴다. 그리고 흔들 말이랑 흔들 기린까지 일일이 다 안아주고 뽀뽀해 주고 손으로 맘마를 주고 작별인사까지 마치고 나서야 발걸음을 돌린다. 그 모습이 천사 같다는 생각이 든다.

이렇게 하루에도 수십 번씩 엄마를 찾아대는 너는 아무래도 '엄마'라는 말이 이 세상에서 제일 좋은 단어인가 보다. 제일 먼저 배워서, 제일 많이 부르고, 제일 나중에까지 부르면서 항상 너의 위안이 되어주기를 바라는 마음으로 나를 찾는 너를 보며 애틋한 마음으로 나의 엄마를 떠올려본다. "그래, 재이야! 나 역시도 네가 그랬던 것처럼 내가 가장 사랑하는 나의 엄마를 지금까지 엄마라고 부르며 위안을 받고 있어 행복할 수 있었단다." 언제나 행복맘으로 내 곁을 지켜주는 나의 엄마를 떠올리며, 평화롭게 누워 있는 아이에게 나는 한 편의 동시를 읽어주었다.

"상수리나무 높은 가지에서 새들이 노래잔치를 벌였어요.
꾀꼬리는 꾀꼴~꾀꼴, 뻐꾸기는 뻐꾹~뻐꾹,
소쩍새는 소쩍~소쩍, 저마다 제 목소리를 뽐냈답니다.
늦게 달려온 딱따구리는 고개를 끄덕이며
딱 다닥, 딱 다닥, 북을 치며 장단을 맞춰주자
나뭇잎도 신이 나서 너울너울 춤을 추었답니다."

그러자 아이는 갑자기 "엄마, 저기 보세요. 정말 나뭇잎들이 춤을 추고 있어요." "응, 그러네, 정말 나뭇잎들이 춤을 추고 있네." 아이의 눈에서 행복을 본다. 그 눈에서 아이가 말하지 않은 많은 것들을 읽는다. 이렇게 아이는 별과 달은 누구에게나 별과 달이고, 동화 속의 세계는 언제나 현실과 다르지 않다고 생각하며 마냥 행복해 한다. 앞마당에 핀 이름 모를 꽃들과 흔들 말, 흔들 기린에게 '안녕'을 주고받는 너의 모습을 바라보며, 나 역시 나의 어릴 적 부모가 내가 기억 못 하는 것까지 나에게 최선을 다해 주었던 것처럼, 나 역시 존재 자체에 감사하며 있는 그대로 지켜봐 줄 수 있는 사랑을 너에게 나눠주고 싶다. 훗날 네가 나에게 "내가 아기였을 때, 어린아이였을 때, 그것은 나를 행복하게 해주기 위한 것이 아니었다"라는 말을 들을지라도 그렇게 하고 싶다.

오늘도 새봄같이 맑은 웃음을 지으며 세상을 배워가는 너를 보면서 세상이 요구하고 강요하는 삶의 방식과 잣대를 좇지 않을 이유를 저마다 유년의 끝에서 건져 올릴 수 있기를 간절하게 바란다. 누구에게나 자라나는 욕심에 기대어 유년은 찬란한 빛으로 우리를 기다릴 테니….

어느 날 내게 사랑이

어느 날 그대 꽃잎처럼
나를 찾아온다면 나 파란 가랑잎 되어
그대 곁에 머물리…

어둔 창가 그대 별빛 되어 창을 두드리면
밤이슬 맞은 설레임에 숨 죽이리…

그대 그대의 밤하늘 영롱히 빛나는 푸른 별빛으로
내게 온다면 나 잔잔한 바람으로 그대 곁에 속삭이리…

– 강혜정 소프라노 '어느 날 내게 사랑이'

아침 같은 밤이 바람을 만지고 있다. 나의 감성을 자극하는 밤의 영롱함은 오늘도 기다림 속 일몰의 아름다움에 갇혀 헤어 나올 줄을 모른다. '어느 날 내게 사랑이'라는 가곡을 들으며, 왜 그대 앞에 생은 행복한가를 생각해 본다. 너는 내 눈 속에, 나는 네 눈 속에서 그리움에 관한 애달픔과 욕망에 관한 결핍까지 감당해야 하는 사랑이지만, 모모는 인간이 사랑 없이 살 수 없다는 것을 잘 알고 있기 때문이 아닐까. 그리고 그 감정 역시 누구나 가질 수밖에 없는 감정이라는 것을 잘 알고 있기 때문이 아닐까. 어떤 사랑이든 누구나 행복한 사랑을 했으면 좋겠다.

당신이 매일 행복했으면 좋겠습니다

우리 인간은 모두 행복할 권리가 있으며, 우리는 모두 행복해야 될 권리가 있다. 그리고 한 번뿐인 인생이니까 모두 행복해야 한다. 그러니 내 인생을, 내 꿈을, 내 행복을 다른 사람의 손에 맡기지는 말아야 하겠다. 『인생의 태도』 저자 웨인 다이어는 나이, 직업, 재산, 관계까지 그 모든 것이 사라졌을 때 과연 나는 누구일까?라는 질문에 이렇게 말했다. "내 이름이 나는 아니고, 내 직업이 나는 아니고, 내가 맺은 관계가 나는 아니며, 그 어떤 꼬리표도 나는 아니다. 다만, 내가 하루 종일 한 선택과 결정들이 바로 내가 된다."

'나'라는 존재는 하루 종일 내가 한 선택과 결정들이 모여 비로소 내가 되는 것이고, 그러한 선택과 결정들로 인해 행복은 저절로 뒤따른다는 것이다. 행복이 뒤따르기 위해서 매 순간 해야 하는 선택과 결정을 위해 나는 나의 본질에 더 집중하고, 더 나다운 결정을 하면 된다는 것이다. 행복은 쫓는 것이 아니라 내가 만들어간다는 것. 현재에 충실하고 주어진 환경에 최선을 다한다면 행복은 내 뒤에 있는 꼬리처럼 저절로 따라오는 게 아닌가 싶다.

팍팍한 삶에 너무 적응해 버려서 작은 행복조차 용인하지 않으려는 태도는 아름다움을 느긋하게 즐길 여유를 주지 않는다. 봄꽃이 그렇고, 청춘이 그렇듯, 너무 큰 행복을 기대하다 보면 자칫 자기만의 진정한 행복을 놓칠 수 있다. 느릿느릿한 일상 어딘가에 행복은 숨어 있다. 눈을 돌려 일상에서 나를 행복하게 하는 일들을 찾아보자. 아주 사소하고 짧은 순간이라도 괜찮다. 그 사소한 것들이 모여 행복한 하루를 만들어낼 게 분명하다. 행복에 관한 철학적 성찰을 논하기 이전에 일상 속에 짧게나마 소소한 행복의 순간을 스스로 만드는 것, 그것이 소소한 행복의 본질이라는 것을 잊지 말자.

나이를 탓하면서
무슨 일을 시작하는 것을
주저하는 사람들도 많고, 이제는
사진도 찍기 싫다고 하는 사람들도 많습니다

그러나 오늘은 내 남은 날들 중에 가장 젊은 날입니다
오늘은 내 남은 날들 중에 가장 멋지고 예쁜 날입니다

– 송정림의 『참 좋은 당신을 만났습니다』 중에서

삶이 절박할수록 자책과 비탄이 앞섭니다. 지난 시간 행복했던 기억은 사라지고 힘들고 불행했던 시간만 생각납니다. 그러나 다시 잘 돌아보면 지난 시절 행복하지 않았던 시간은 하나도 없었습니다. 모든 것이 행복이었습니다. 당장의 하루하루야 어떻든 나중에는 또다시 이 시간을 그리워하리라는 예감 때문에 이 시를 전합니다. 오늘도 지치고 힘든 발걸음을 옮기는 당신이 매일매일 행복했으면 좋겠습니다. 나태주 시인이 전하는 말처럼 하늘 아래 내가 받은 가장 커다란 선물은 '오늘'입니다.

어떤 사람으로 기억될까

이렇게 아름다운 순간을 다시 볼 수 있을까? 소리 없이 가을이 짙어가는 어스름 저녁, 하늘빛 구름 사이로 존재하는 별 풍경이 시리도록 가슴에 와닿았다. 이토록 황홀한 시공간 속에서 찰나의 삶을 살고 있는 사람들과 함께한 모든 순간이 아름다웠다. 지구에서 가장 가까운 별은 바로 태양이고, 두 번째로 가까운 별은 '프록시마 켄타우리'라는 별인데 약 4광년 정도 떨어져 있으며, 이 별은 영화 '아바타'의 배경인 판도라 행성의 모별로 알려져 있다. 그리고 별빛이 지구까지 오는 데 걸리는 시간은 별이 지구로부터 1광년 거리에 있으면 빛의 속도로 1년이 걸린다. 그래서 지금 반짝이는 별은 지금별이 아니다. 내게 오기까지 수백만, 수천만 년의 시간이 걸리는 별도 있다. 어쩌면 오늘 내가 보는 별은 몇 백만 년 전의 반짝임일지 모른다.

그 반짝임 속에서 "너는 누구에게 한 번이라도 뜨거운 사람이었느냐"라는 시 구절을 지구별에서 떠올리며 나는 과연 다른 사람의 기억 속에서 어떤 사람으로 기억되었을까. 그리고 나는 소중한 사람과 보내는 시간을 얼마나 가졌을까를 생각해 본다. 함께했던 시간들 속에서 행복했던 순간, 미안했던 순간, 슬펐던 순간들이 큰 존재에 굴복하고 항복하는 삶처럼 다가와 나를 숙연하게 만든다.

애벌레가 고치에 들어간 것은 그 속에서 영원히 살려는 게 아니라 봄이 되면 나비가 되려고 들어간 것이라고 우기며 남을 가르치려 들지는 않았는지, 너무 가까이에 있어 소중함을 모르고, 너무 사랑해서 표현해야 할 필요성을 못 느끼고, 언제나 함께여서 영원할 것이라고 착각하여 화내고, 짜증나는 일이 있을 때마다 은근슬쩍 화풀이를 하며 살아가지는 않았는지…

나름 나보다는 상대를 먼저 배려하고 최선을 다해 살아왔다고 생각했지만 아직 멀었다는 마음에 미안함이 앞선다. 이제라도 내 역할극을 멈추고 소중한 사람들에게 있는 그대로의 나 자신을 솔직하게 보여주고 싶다. 그리고 "감사합니다, 사랑합니다"라는 말도 함께 전해 주고 싶다. 누군가가 아프고 외롭고 힘들 때 나를 떠올리며 힘을 얻고 다시 뜨거워지는, 그런 사람으로 기억될 수 있기를 조용히 꿈꿔본다.

모두가 찰나의 시간 속에서 살아가는 삶이지만 별빛은 여전히 빈자리를 하나둘씩 채워나가며 사랑의 눈으로 빛나고 있다. 우리 모두 감사와 사랑의 마음으로 하루하루 쌓아가는 삶이 갖는 가치를 잊지 말자.

그대 평화롭기를

고통은 순식간에 마법이 일어난 것처럼 달라진다. 하나님이 짊어지지 않으신 고통은 이 땅에 없다. ＋ 부호가 서로 다르다고 우긴다. 덧셈, 십자가, 사거리, 적십자, 녹십자 표시라고 우긴다. 마하리쉬의 말이 생각났다. "몸 자체가 병인데 병에 병이 들었다고 호들갑 떨 일이 있겠냐." 불변의 부호가 서로 다른 생각에 의해 각자 다른 이름으로 불린다고 호들갑 떨 일은 없다. 지극히 온당한 나의 감정이나 눈으로 볼 수 없는 건 눈을 감아야 한다.

그리고 나는 十를 생각한다.
그 안에는 모든 것이 있었다.
눈부시게 축복받은 낮과 성스러운 밤
마땅히 사랑하며 살아야 할 분이
종소리 뒤에 숨은 그림자로 나타나셨다.
아, 얼마나 멋진 세상의 모습인가!
보잘것없는 일상이지만 삶의 고비마다 축복과 은혜였네.
고통을 나눠 지신 은총에 눈이 뜨여 삶은 날마다 축제였네.

그대 평화롭기를….

당신의 부름처럼

세상에 하나뿐인 예쁜 딸이 태어나다
아이 예뻐라, 우리 아가, 자는 모습 좀 봐
예쁜 내 딸, 옳지 어이쿠 잘했어요
아빠 왔다. 혜선아, 아빠~~아~
우리 딸, 오늘 하루 뭐 하고 보냈어
혜선아, 한눈팔지 말고 선생님 말씀 잘 들어야지
사랑하는 우리 딸, 졸업 축하해
그리고 많이많이 사랑해

신부 박혜선 입장
지민이 엄마, 서준이 엄마

나의 이름을 불러봅니다.
과거에 알던 내 얼굴이 떠오르지 않아 이상했지만
당신의 부름처럼 나는 다시 엄마가 되었습니다.
시간이 지나도 공간이 변해도 언제나 어디서나
그리움이 사랑하는 사람들에게 와닿습니다.

당신의 부름처럼 행복해지기도 하고 따스해지기도 하고
당신의 말처럼, 생각처럼, 당신의 말과 행동을 그대로
닮아가며 오늘 이 자리에 서 있습니다.

지나온 시간들이 쓸쓸했건 달콤했건 외로웠건 고통스러웠건 나는 더 이상 어쩔 수 없는 사람이 되어버렸지만 아름다운 과거, 감사한 오늘, 또 다른 내일을 생각하며 나는 당신의 부름대로 따뜻한 사람이 될 것임을 믿습니다.

당신이 가르쳐준 인간다움에 대한 질문을 외면하지 않는다면 어디를 향하든 당신의 부름대로 될 것임을 믿습니다. 죽음을 하루 앞에 두고도 "바쁜데 뭐하러 왔느냐"는 그 말이 당신이 평생 지녔던 사랑의 마음이었다는 것을 외면하지 않는다면 나는 당신의 부름대로 찬란한 사람이 될 것임을 믿습니다.

부재된 기억

영원한 이별이란 얼마나 가슴 아픈 일인가. 엄마가 돌아가시고 나서야 그 애틋함으로 엄마를 내 마음속에 담아두는 일은 시간이 흘러 알게 되는 것들이었다. 이래저래 옳다고 떠들어대며 고집 피우는 것들이 많았음에도 나는 언제나 엄마의 말 없는 웃음 한 번에 의미가 무색해질 때가 많았다. 너무 사랑해서 표현해야 할 필요성을 못 느끼고 엄마는 언제나 함께여서 영원할 것이라고 착각했다.

그래서 나는 나의 시간에 맞춰 엄마와 시간을 함께했다. 가장 사랑해서, 가장 가까워서, 나는 그래도 되는 줄 알았다. 하지만 모든 것은 그저 무심한 듯 챙기는 나의 무지함을 달래기 위한 핑계였다. 살가운 마음을 표현하지 못한 것도, 엄마의 바람을 알아채지 못한 것도 모두 나였다. 난 어쩌면 항상 당연한 것을 옳다고 주장했는지 모른다.

그래서 나는 아직도 엄마의 부재에 익숙지 못하고 엄마의 감정들과 함께 마주했던 순간들을 기억하며 펑펑 울어대거나 '엄마'를 부르며 찾아 나선다. 하지만 그것은 기다림 이전과 기다림 너머에 시간의 공백을 채워야만 오는 만남이었다. 내가 자식을 낳아봐야 알게 되는 미련함 같은 것이었다.

기억이란 이처럼 그림자처럼 다가와 부딪치고 햇살처럼 온몸을 덮고 어둠처럼 마음을 가두어버린다. 그래서 나는 내가 자신들의 엄마여서 행복하다고 말하는 아이들에게 항상 걱정이 앞선다. 예전에 내가 부모에게 해드렸던 것보다 아이들은 나에게 더 따뜻한 애정을 건네주고, 진심이 담긴 메시지를 매일 같이 보내주면서 사랑의 마음을 전하고 있기에 더욱 그렇다.

어쩌면 내 아들, 딸도 나와 함께 식사를 하며 눈을 마주하고, 분위기 있는 카페에서 따뜻한 미소로 대화를 나누고, 한적한 바닷길을 함께 산책했던 순간들을 부재된 기억 속에 담아두고 나처럼 맘 아파하지 않을까 하는 생각에 더욱 그렇다. 그러니 내가 사랑하는 아들, 딸은 먼 훗날 나 때문에 맘 아파하지 않았으면 좋겠다. 난 너희들에게 엄마로서 이미 충분히 넘치는 사랑을 받았으니까. 그리고 사랑한다는 건 일방적으로 아껴주고 보살펴주는 게 아니니까, 나처럼 수많은 감정들과 함께 마주했던 순간들을 기억하며 맘 아파하지 않았으면 좋겠다.

미성숙으로 남은 일상

부모처럼 살지 않겠다는 말은 부모 세대보다 나은 내가 되기 위한 인정투쟁이라고 한다. 가끔씩은 나와 다른 부모님의 세계와 끝없이 충돌하면서 갈등을 겪어야 했던 사춘기 소녀 시절 나는 엄마, 아빠를 사랑하면서도 그렇게 생각하지 않으면 도저히 나를 좋아할 수 없을 것 같았다. 사랑하지만 엇나가버리고 싶은 마음, 감성적인 친구들과 세상을 내 멋대로 느끼며 나만의 다른 방식으로 살아가고 싶었다. 하지만 밖에서와 달리 집에 돌아가면 생각의 원점으로 슬그머니 되돌아가 있는 나의 모습이 싫었다.

내가 기억하는 두 모습, 그것은 마치 과거로 향하는 터널을 건너는 감각적인 것이었다. 혼돈으로 가득 찬 행동은 결국 부모로부터 인정받지 못했지만, 나의 행동에 대해 이해할 수 없으면 없는 채로 부모가 인정해 주었기에 거기서 나온 잔가지 하나가 마른 땅에 어설픈 뿌리를 내려 아등바등 살아갈 수 있었을 것이다. 내가 잘나서 혼자 힘으로 어른이 되고 원하는 대로 사는 게 아니었던 것이다. 나는 부모의 싫고 좋았던 감정을 흡수하며 성장한 것이었다. 내가 사랑했던 부모의 모든 부분이 나에게도 속해 있었던 것이다.

결혼을 하고 나서도 나는 내가 나를 좋아할 수 있는 현실을 만들어 나가고 싶었다. 하지만 나는 여전히 이상과 현실의 경계선에 머무르고 있다. 아이들의 어머니로서, 아내로서, 일상 속의 평범한 부모가 되어 여전히 나를 거북하게 만든다. 그냥 그 자리를 유지함으로써 그것이 진짜 경계가 아닐지도 모른다는 의문을 품게 만든다. 그 너머도 실은 모두의 평범한 삶에 내재한 공간으로 가득 차 있음에도 그렇다. 정성 들여 음식 만들고 아이들 키우던 그런 일상, 지금 되돌아보니 그런 공간의 흔적이 가끔씩 그립다. 그때는 바쁘게 사느라 그 평범한 일상이 귀한 줄 몰랐다. 그래도 나는 삶이란 어쩔 수 없이 살아간다는 것을 인정하고 싶지 않았다.

이제는 삶을 애착하면서도 탈피하려는 몸부림의 시간이 미성숙으로 남아 일상은 그 자체로 아이러니가 되어 낯선 것이 되어가고 있다. 하지만 나는 여전히 이상과 현실의 경계선에 머무르며, 깊고 뜨거웠던 절절한 감정들을 잊지 못하고 있다. 그래서 나는 내 속의 다른 부분, 나와 다른 너를 꼭 만나보고 싶다. 같은 감정선에서 너보다 나를 더 많이 연민허 주는 너를 만나 격렬하게 안아주고 싶다.

정작 우리가 부끄러워해야 할 것들

나는 절대 다른 사람에게 상처를 준 것이 없을 거라
자신하며 사는 것
작은 일에 욱하면서도 상대의 감정은 아무렇지 않게
생각하며 사는 것
자신의 아픔은 크게 생각하면서 상대의 아픔은 쉽게
잊어버리고 사는 것
주지 않으면 얻는 것도 없다고 말하면서 내가 받는 것만
좋아하며 사는 것
조금 여유롭게 사는 것이 남들보다 앞서나가는 것으로
착각하며 사는 것
다른 사람에게 상처를 주고도 기억 상실자처럼
행동하며 사는 것

자신의 잘못에 대해서는 상대의 탓만 앞세워 관대함으로 살면서 상대의 잘못에 대해서는 부정직하다고 말하며 사는 것
누구나 미워할 자유가 있다고 하면서도 나를 밉게 생각하는 사람을 잊지 못하고 험담하며 시기 질투하는 것

상대의 거짓말은 용서받지 못할 거짓말이라 하면서도 자신의 거짓말은 일상의 소소한 거짓말이라 우기며 사는 것
있는 그대로 받아들임이 사랑의 전제조건이라 말하면서도 나와 다른 사람을 틀렸음이라 생각하며 사는 것

관계의 지속

우리는 관계 속에서 살아가지만 관계는 종종 갈등을 낳는다. 상대와의 만남에서 이어지는 불편함의 연속, 나에게 큰 용기를 필요로 하는 갈등의 순간에 관계의 시선을 의식하지 않고 용기를 내 자신의 의지를 표현한다는 것은 아직도 어렵다. 하물며 상대가 나와 생각이 같지 않을 때는 무척 힘들고 때론 고통스럽다. 악의 없이 한 말과 행동이 다른 사람에게 상처가 되기도 하고 내가 옳다고 생각하는 것이 상대에게는 전혀 옳지 않을 수 있다. 하지만 이제는 그러한 관계가 일방의 노력만으로는 지속될 수 없음을 안다. 사람과의 관계는 서로에 대한 배려심이나 이해에서 이뤄지는 것이지 어떤 한 가지의 정해진 관계에 집착하는 것이 아니라는 것을 알고 있기 때문이다.

사실 자기 시간에 맞춰 자신이 원하는 대답을 들어주길 원하는 상대에게 시간을 내어주는 일은 어려운 게 아니었다. 그건 그냥 내가 상대를 위해서 한 행동이었고 그때만큼은 내 일인 것처럼 고민하며 꽉 찬 진심이었으니까. 그렇지만 관계가 두터워질수록 가까운 사이일수록 갈등 없이 오래 사귀려면 서로의 노력이 있어야 했다. 두 사람의 관계를 발전시키는 관계는 부담 없는 느낌이어야 했다. 뭔가를 같이하고 있지 않더라도 시간만 있으면 함께 있어 줘야 된다는 게 아니었다.

아무리 가족 간의 관계라 하더라도 넘어서는 안 될 선이 존재하듯이 관계의 지속에 대한 애정도 자식이나 연인이나 부모에게서 느끼는 애정처럼 서로의 삶을 존중하는 마음의 바탕에서 이루어져야 하고, 서로에게 최선을 다하며 겉으로 드러난 현실적인 문제를 서로 부담 없이 말할 수 있는 사이가 되어야 한다. 그리고 내 경계선은 지켜지길 바라면서 상대의 경계선은 넘나들고 있는 건 아닌지 뒤돌아보며 상대를 배려한다는 마음으로 내 자신을 속이는 일이 없어야 한다.

그럼에도 상대로부터 마음의 불편한 짐이 계속허서 느껴진다면 그땐 결단이 필요하다. 만남의 관계에서 누군가를 만나고 내가 뭔가를 포기하지 못한다면 그것 역시 상대에게 상처가 될 수 있기 때문이다.

그럴 땐 일단 내가 먼저 상대를 내려놓고 기다림의 시간을 가져야 한다. 관계에서 기다림은 단순한 기다림이 아니다. 기다림보다 더 큰 관계의 줄은 없으며, 기다림은 이미 모든 것을 다 받아들이겠다는 넓은 마음의 표현이기 때문이다. 그렇게 조금 물러나면 나의 시선과 관심도 그에 맞춰 자연스레 변한다. 이후 얼마쯤의 시간이 흘러 서로 상처주지 않고 잘 만날 수 있는 여건이 될 때, 서로를 위하는 마음으로 다시 만나자. 그래도 아니라고 생각되면 그때 가서 관계를 끊어도 늦지 않다.

민들레 꽃 부고장

스마트 폰에 부고장이 올라왔다.

'민들레 꽃을 간절히 기다리던 어머니께서 별세하셨습니다.'

죽음을 앞두고 민들레 꽃을 기다리다 돌아가셨다는 지인의 짧은 문장에서 죽음의 미학이 떠오른다. 강한 의지로 비바람 이겨내고 안간힘으로 피어올린 꽃대같이 살아오신 그분의 초월적인 몸짓이 떠오른다. 꽃이 져도 흰 깃털 바람에 홀씨 뿌리며 훨훨 떠나가신 그분의 모습이 떠오른다.

한 시대에 태어나 존재할 수 있는 삶을 살아가며 우리가 겪을 수 있는 모든 걸 겪으면서, 마지막 희망을 홀씨처럼 남기고 홀연히 사라져 가신 그분처럼 우리의 존재 역시 그 자체로 불완전함과 완전함이 포함된 아름다운 물질이 아닐까. 탄생이 시작이라면 죽음은 한 인간이 살아온 삶의 마무리이며, 순환법칙의 완성이다. 인간이 사는 동안 스스로가 만든 결과를 실현하는 것이다. 그래서 인간에게 자신의 완성을 성취할 수 있는 사건인 만큼 죽음은 가장 중요하다.

죽음은 자신의 삶 속에서 삶의 의미와 중요성을 깨닫게 해주며, 삶에 대한 진실성을 부여해 주는 사건이다. 인간은 자신에게 일회적으로 부여된 삶을 사랑하고 애착을 가지며 그 삶이 무엇인가 완성에 이르도록 희망하고 또 요청하며 살아간다. 죽음이 무희망과 무의미의 사건이 아님을 삶 속에서 인식할 수 있게 해준다. 그런 까닭에 죽음을 단지 공포와 좌절로만 인식하는 삶은 오히려 인간에게 부여된 삶 자체를 무의미와 무가치한 삶으로 몰아넣을 수 있는 위험한 삶의 자세이다. 삶의 가치를 아는 사람이 죽음의 가치를 안다. 죽음에 대한 올바른 자세는 죽음 속에서 자아실현의 가능성을 부여해 주어 죽음을 인생의 행복스러운 성취의 사건으로 맞을 수 있게 한다.

삶은 이렇게 한계가 있어서 아름다운 것일 수도 있다. 인간은 죽음을 통하여 삶이 당연한 것이 아니라 선물이며, 선사품이라는 것을 체험하게 되고 비로소 삶에 성실해지고 진지해질 수 있을 것이다. 죽음의 미학이다.

민들레 꽃 부고장에 나의 마음을 전한다. "지금도 당신을 기다리는 애타는 가슴이지만 노오란 민들레 꽃이 필 때 꼭 다시 돌아오세요. 당신의 아름다움이 이곳저곳에 피어나 꿈속에서만 보았던 당신과 얼굴을 마주하며 당신의 손을 마주 잡고 못다 한 사랑을 고백하렵니다. 당신은 이 세상에 없지만 살아 있는 존재입니다."

그만큼만 아름다울 수 있다면

나는 시작보다 항상 끝이 아쉬워 마음 한편이 저민다
몇 번의 졸업식, 부모의 죽음, 오빠와의 작별
그렇게 이별을 인정하는 순간, 장소를 오가며 눈물로
작별의식을 치렀던 흔적들이 기억으로 남아
여전히 나를 지배하면서 숨을 고르고 있다.

자유로운 영혼이 되기를 갈망하며 멍을 지고 살았던 학창 시절, 따스한 방바닥에 누워 내 어릴 적 기억을 사랑으로 채워주신 부모님, 외로울 땐 언제든 자리를 내어주며 내 곁을 지켜준 오빠, 모든 것은 떠난 뒤 더 아름다운 것일까. 떠나보내고 나서야 비로소 그 가치를 깨닫게 되는 나는 얼마나 더 알아야만 되는 걸까. 이별이라는 말에 서투르지 않으려면 나는 얼마나 더 성숙해져야만 하는 걸까. 처음 사랑을 시작할 때처럼 이별이 딱 그만큼만 아름다울 수 있다면 얼마나 좋을까.

오늘도 곱게 물들어 떠나는 낙엽들을 바라보며, 느닷없이 서러운 눈물을 보이다 서둘러 뜨거운 키스의 숨결이 섞여 있는 거처를 찾아 나선다. 차가운 하늬바람 속에 함께했던 사랑의 흔적들이 허공을 핥으며 지나간다. 한 손만 내밀면 가서 닿을 수 있을 것 같아 마음을 섞어보지만 모든 것은 다 말이 없다. 곧 겨울이 올 텐데 나는 여전히 작별의 트라우마 속에 각인된 아름다운 사랑을 찾아 헤매며 숨을 고르고 있을 뿐이다.

내 안에 모두가 있었다

내 안에 조심스럽게 들어왔다. 삶이란 사람의 발자국 따윈 기억하지 않는 얼어버린 눈처럼 지독하게 냉정하지만 나무에 매달려 백색 하늘을 그려내는 눈들은 매혹적으로 눈이 시리도록 아름답다. 하지만 해가 비치면 풍경 속의 눈들은 소리 없이 눈물을 흘리며 서로 엉킨 손을 풀지 않으려 마지막 순간까지 삶의 애착을 보이다 서로의 손을 놓고 만다.

그것은 마치 다면체로 나눠진 내 안의 모습들이 실타래처럼 얽혀 속셈을 달리하는 것과 닮았다. 속은 끝없이 공허하지만 과거의 시간을 떠올려 어리석음에 길들여진 나를 위무해 보려 애를 써본다. 하지만 애석하게도 나는 시간을 되돌릴 수 있는 공간이동 능력을 가지고 있지 않다. 과거의 시간들이 모여 지금의 내가 된 것이니 남을 탓할 수도 없다.

길들여진 이중의 마음은 내가 길들인 것밖에 알 수가 없어 회귀불능이다. 과거는 이미 존재하지 않고, 미래는 아직 닥치지 않았으며, 존재하는 것은 오로지 현재뿐이니, 그저 매일매일 최선을 다하는 것 외에는 도리가 없었다. 내 안에 모두가 있었음에도 어쩔 수 없는 것이란 없다고 믿고 싶은 내 안의 너에게 미안한 마음이다.

그림자를 지우면서 자신을 완성시켜 소멸하는 눈처럼 서로 분투하며 살아야 할 필요성이 없음에도, 돌아오는 길 끝에서 언 몸을 녹이기도 전에 시래기 국에 밥을 말아 훌훌 넘기는 모습이 마치 내 안의 나를 방어하기 위한 무의식처럼 보인다. 다시 태어나도 지금 살아가는 방식을 인정할 것인가라는 질문에 흠칫 놀라는 모습이 나도 속셈을 달리하는 어쩔 수 없는 사람인가 보다.

Hey, 재이

고단한 하루를 마감하고 자신만의 작은 세계를 가슴에 안고 내 옆에 잠들어 있는 재이를 보며, 내 어릴 때 기억을 채워준 엄마와 함께, 한 침대에 누워 나눴던 따스한 순간들을 떠올린다. 엄마가 곁에 있다는 것만으로도 내가 나를 행복하게 해주었던 시절, 그저 곁에 누워 잠깐 단잠을 자는 것만으로 그것은 일상을 충만하게 만드는 사랑이었다.

"재이는 누구를 제일 많이 사랑해?", "남원 할머니, 할아버지, 목동 할머니, 할아버지, 삼촌, 엄마, 아빠 다 사랑해." 마치 사랑에도 순번이 있는 것같이 말하지만 결론은 어느 한 사람도 차별 없이 모두를 사랑하고 있음을 실토하는 순간이다. 엄마, 아빠의 사랑이 제일 큰 사랑이라고 여겨왔던 내가 갑자기 바보가 된 느낌이다. "그래, 재이야, 미안해. 내가 너에게 주는 사랑보다 그동안 네가 나에게 주는 사랑이 더 크다는 걸 미처 알지 못했어. 사랑이 멈추면 세상은 끝나는 거란다." 앞으로 네가 세상을 향해 조건 없이 쏟은 사랑을 다 돌려받지 못한다 하더라도 결코 네 안의 더 크고 깊은 사랑을 포기하지 말기 바라…

유치원에 가기 싫다고 말하는 재이에게 다정하게 "왜 가기 싫은데?"라고 물을 때도 있지만, "안 돼." 너는 꼭 가야만 된다는 나의 단호한 표정을 알아챈 재이는 이내 눈물을 보이며 몸은 이미 나갈 채비를 하고 있다. 내 마음은 그게 아니라고 눈물을 보이는 아이에게 "왜 우는데?"라고 묻는 말은 결국 아이를 혼내는 말이었고, 너의 뜻을 절대 받아주지 않겠다는 표현이었다. 솔직하게 내보인 아이의 마음을 결국 허물어버리는 말이었다. 재이의 솔직한 마음을 담기에는 내 마음이 너무 작았다.

선생님과 상담을 하고 있는데 한쪽에서 "Happy Birthday To You" 노래가 들려왔다. 재이가 절친(?)과 함께 생일 케이크cake 모형을 갖다 놓고 서로 "Happy Birthday To You" 노래를 불러주며 놀고 있었다. 서로의 생일이 아닌데도 마치 진짜 생일처럼 나비 같은 몸짓으로 너울너울 춤을 추는 모습은, 마치 날개 달린 두 명의 작은 천사가 꿈을 꾸고 있는 모습과 같았다. 서로의 날개 속에 숨어 둘이서만 알아듣고 통하는 둘의 모습, 어쩜 저렇게 아름다울 수가 있지. "그래, 나도 너희 둘 생일 축하해, Happy Birthday To You." 너희들의 판타지fantasy 공간이 깨어진다 해도 그냥 언제나 이런 마음으로 살았으면 좋겠다.

– 『지민 손편지』 중에서

고마워 나랑 함께해 줘서

사람들은 나의 불행에
생각보다 관심이 없다.

힘듦의 과정 속에서 손을 내밀어주기도 하지만 누군가는 나의 고통스러운 비극을 자신의 욕심으로 채우는 기회로 삼으며 내 맘에 기대어 은근히 나의 불행을 즐긴다. "정말 아직도 사람을 믿느냐?"는 물음 속에 나는 아직도 사람을 많이 믿는 편이라고 답했지만 떠나보낸 사람들에 대한 감정의 앙금을 닮은 흐느낌 속에 쌓아둔 채, 남은 건 나 혼자였다는 독백은 인간다움에 대한 질문이 아니었다.

나의 불행 속에 곁에 남아줄 사람이 있어야 한다는 것. 그것은 절대적 믿음에 의해 설정된 기호에 불과하였을 뿐, 내 안의 기준에 따라 바뀌어야 하는 인식이었으며 생략해도 되는 사치였다. 자신이 처한 상황을 제일 잘 아는 사람도 나 자신이고, 삶의 어려움을 가장 잘 해결할 수 있는 사람도 나 자신이고, 버틸 수 있는 마음도 내가 만들어나가는 것이었기에 내 안의 목적지를 좇아 어떤 길을 어떻게 가든, 그것은 오로지 나만의 선택, 나의 몫이었다. 그리고 홀로 고통을 마주하며 나를 사랑해주는 일이었다.

나는 이제 그저 나인 것만으로도 존중받을 줄 알며, 나 혼자서도 나를 좋아해 줄 수 있다. 그럼에도 변함없이 나에게 진심을 다해 온기를 전해 준 사람들에게 나는 오늘 이 말을 전하고 싶다. "고마워 나랑 함께해 줘서, 잊지 않을게."

Time for myself

리틀 포레스트

Little forest

Time for myself

관심과 애정의 관계

중 · 고등학교 시절에는 맨 뒷자리 친구의 등에 숨어서 쪽잠을 자거나, 잡지책을 보면서 밀린 숙제를 하거나, 스마트폰을 보고 있어도 선생님은 결코 모를 거라고 생각했다. 하지만 선생님은 나의 잘못을 용케 알아내 훈계와 체벌을 내렸다. 때로는 그런 선생님께 분노의 감정과 실망이 앞서기까지 했다. 오히려 내가 뭘 하든 말든 그냥 모른 척 넘어가주는 선생님이 제일 맘 편하고 좋았다. 나에게 훈계와 체벌을 아낌없이 내려주신 선생님이 오히려 학생들에 대한 애정이 많은 선생님이라는 깨달음을 얻게 된 건 어느 정도 나이가 들어서였다. 요리사가 편하면 음식 맛이 떨어지고, 선생님이 편한 길만 찾으면 학생들이 망가진다는 말이 있듯이, 사랑이든 일이든 관심이 없고 애정이 없으면 몸은 편하되, 모든 관계는 서서히 무너진다.

애정이 있고 사랑이 있는 사람 눈에는 교탁에 선 선생님처럼 다 보이고 한눈에 들어온다. 학생이 엎어져 자든 말든 깨우지 않는다면 학생이 선생님을 감쪽같이 속여서가 아니라 선생님이 그 학생에게 관심도 없고 아무 관계도 아니라고 생각했기 때문이다. 만약 당신이 사랑하는 사람과 고민을 나누지 않고 어려움을 말해 주지 않았음에도, 마음속으로는 언젠가 알아주기를 기대했는데 그러지 않았다면 내심 서운함을 느낄 것이다. 하지만 상대 역시 누구보다 내게 먼저 말해 주리라 기대하고 있었는데, 그러지 않았다면 나는 상대에게 관심도 못 받고 아무 관계도 아니었나 싶어 거꾸로 당신에게 화를 낼 수밖에 없다. 역설적이게도 서로 서운함을 느끼고 화를 낸다는 것은 화를 내는 만큼 두 사람은 서로를 진정으로 위하고 아껴주는 사람일 경우가 크다. 이럴 때 화를 내고 서운함을 느낀다는 것은 상대에 대한 사랑과 관심의 표현이다.

우리들 역시, 사랑하는 가족이나 친구에게 아무렇지 않은 척, 아프지 않은 척, 힘들지 않은 척 침묵하거나 얼버무리며 말한다는 것은 거짓말을 하지 않으면서도 상대에게 괜한 부담을 주지 않으려는 배려의 마음이라 생각한다. 하지만 모호하게 얼버무리고 오늘도 그렇게 하길 잘했다고 스스로 위안하는 것보다 차라리 솔직하게 나의 고민을 털어놓고 말할 수 있는 게 진짜 사랑하는 마음이라 생각한다. 오히려 답답해 하고 있던 상대는 내가 솔직하게 말해 주는 걸 기뻐하고 고마워할지도 모른다.

힘겹게 고민을 털어놓았을 때 상대가 도리어 화를 내며 "그걸 왜 이제야 말하느냐", "왜 나한테 먼저 말해 주지 않았느냐"고 화를 내며 서운함을 드러낸다는 것은 상대에 대한 깊은 사랑의 배려가 없이는 절대 나올 수 없는 말이다. 모든 일이 그렇듯 솔직해지는 것 역시 어렵고 힘들다. 아마도 서로의 믿음이 없었다면 상대방 역시 나에 대한 관심도 가지지 않았을 것이고, 관심이 없었다면 화를 내는 일도 없었을 것이라는 것을 알기 때문이다.

운명과 공생하기

살아가면서 고통과 불행으로부터 시달려보지 않은 사람이 있을까. 그리고 그것을 극복해 보려 발버둥 쳐보지 않은 사람도 없을 것이다. 오로지 극복하는 사람과 끝내 주저앉는 사람만 있을 뿐이다. 하지만 그것을 견뎌낼 수 있는 능력 또한 상대적이어서 그 차이를 가늠할 수는 없다. 그래서 사람들은 타고난 나의 운명을 알고 싶어 하며, 고통스런 일이 계속해서 일어날 때는 나의 앞날을 앞당겨서 알아보고 싶어 하는지도 모른다. 배우자 때문에, 연인 때문에, 돈 때문에, 아이들 때문에, 병 때문에 도무지 벗어날 수 없는 고통을 겪고 있다는 이야기를 전해 듣고 있으면 뭐라 표현하기 어려울 정도로 비참한 마음이 든다.

이럴 땐 신에게 기도를 올리며 마음의 위안을 받는 사람도 있을 것이고, 철학관을 찾아가 내 탓도 네 탓도 아닌 조상 탓이라는 말에 마음의 위안을 받고 오는 사람도 있을 것이다. 그렇게 세상 탓, 조상 탓, 팔자 탓도 적당히 마음의 위안을 가져다줄 것 같다.

해가 지면 달이 뜨는 것처럼, 나는 사람의 운명에도 내가 모르는 어떤 법칙이 적용되고 있을 것이라 생각하지만 타고난 운명이 절대적으로 주어진 삶을 결정짓는 것도 아니라고 생각한다. 좋은 운은 기회를 살리고 나쁜 운은 신중히 판단하여 조심하면 인생의 좋은 지침이 될 수 있을 뿐이라 생각한다. 각자에게 주어진 운명은 하나의 변수일 뿐 영원히 벗어날 수 없는 저주 같은 것이 아니다.

최소한의 공간적 시간적 거리를 두고 일어나는 불행한 사건들은 나에게만 일어나는 게 아니고, 자신과 주변 모든 사람들에게서 반복적으로 일어나고 있다. 그래서 자기 객관화가 먼저 필요하다. 불행은 발견되는 것이고 행복은 주장되는 것처럼 보이지만 객관화된 마음을 통해 불행을 토닥여주고, 가능한 한 평정심을 오래 유지할 수 있다면, 얼마든지 주어진 운명을 나의 뜻대로 바꿔나갈 수 있다고 확신한다. 자식을 향한 평범한 어머니의 지극한 기도가 죽음의 문턱에 닿은 자식을 살렸다는 소식이나 불치병의 궁지에 내몰린 사람이 모든 것을 내려놓고 홀로 산으로 들어가 자연식과 기도 또는 명상을 통하여 멀쩡하게 치유되었다는 소식들은 특별한 사람들의 얘기가 아니고 낭설도 아니다. 평범한 사람들이 최선의 노력으로 일궈낸 기적이다.

그러니 나라는 사람은 아무리 뭘 해도 어쩔 수 없다는 감정에 파묻혀 스스로를 영원한 루저loser로 생각하지는 말자. 운명은 해석하고 활용하기 나름이다. 부모의 몸을 통해 태어나면서부터 누군가의 운명이 정해져 있다면 이건 너무 억울한 일이다. 이렇게 모두가 정해진 운명대로 살아가야 한다면 인간이 존재해야 할 의미가 없으며, 인류의 공동체가 지속해 나가지 못했을 것이다. 그래서 나는 '팔자는 타고난다'는 태생적 운명론보다는, '성격이 곧 팔자'라고 하는 태생적 성격론을 더 인정하고 싶다. 성격이 바뀌면 인생도 함께 변해 갈 거라 생각하기 때문이다.

우리가 행한 모든 일의 결과는 어느 것 한 가지 노력 없이 이루어지지 않은 것이 없다. 모두가 노력에 따른 운이 따라주었을 뿐이다. 그렇다고 미래를 미리 알면 더 행복할까? 기쁜 일이 생길 것을 미리 안다면 기대감이 떨어져 덜 행복할 것이고, 고통이 올 것을 미리 안다면 고통의 시간만 더 길어질 것이라 생각한다. 아무리 나쁜 운명을 가지고 태어났다고 해도 인생을 멀리 놓고 본다면 다 거기서 거기다. 어느 집이든 다 한두 가지씩 걱정 없는 집은 없다.

그래서 나는 헤르만 헤세의 "당신이 등지지 않는 한 운명은 언젠가는 당신이 꿈꾸고 있는 대로, 고스란히 당신의 것이 될 것이다"라는 말이 마음에 든다. 서로 대단히 다른 삶을 사는 것 같지만 운명은 운명이고 인생은 인생일 뿐이다.

TED의 강연

내가 방송매체를 통해 테드의 강연을 처음으로 접하게 된 것은 2010년 급식개선운동가이자 요리사인 제이미 올리버의 강연이었다. 당시 그의 강연은 많은 사람들에게 큰 충격을 안겨줬다. 아이들이 첨가물이 들어간 우유를 통해서만 먹는 설탕의 양을 눈으로 확인할 수 있었기 때문이다. 그는 커다란 손수레에 가득 실린 각설탕을 무대 바닥에 쏟아버리며 말했다. "어느 재판관이라도 이걸 보면 아동학대죄라고 말할 겁니다." 그날 이후로 나는 테드의 애청자가 되었다. 급격한 변화의 시대를 꿰뚫는 지식과 통찰의 힘을 보여주는 TED는 Technology, Entertainment, Design의 약자로, 미국에서 주최되는 연례 국제 콘퍼런스를 말한다.

"Ideas Worth Spreading(퍼뜨릴 만한 아이디어)"라는 슬로건 아래 1984년부터 기술, 오락, 디자인 분야에서 활약하고 있는 전문가들이 모여 발표를 하고 이야기를 나눠왔으며, 자기가 하는 일에 열정을 가진 사람들이 18분 동안 혼신을 다해 발표한다. 이야기의 주제와 분야는 제한 없이 심리학, 철학, 디자인, 과학, 음악, 미술, 운동, 종교, 교육까지 모든 분야를 넘나든다. 하버드 출신의 뇌과학자가 이야기하는 죽음과 해탈에 대한 이야기, 지구 곳곳을 다 다녀본 인류학자가 말하는 인간의 보편성, AI의 아버지 마빈 민스키가 말하는 인공지능 이야기에서부터, MIT 미디어랩의 네그로폰테가 개발도상국 어린이들을 위해 간든 100불짜리 컴퓨터 이야기, 트위터의 창업자 에번 윌리엄스가 들려주는 인터넷 이야기까지 TED는 일일이 거론할 수 없는 가슴 설레는 이야기들로 가득 찬 콘퍼런스이다. 기술 · 예술 · 감성이 어우러진 멋진 강연회로 청중을 감동시킨다.

그중에서 나에게 테드와 관련된 주제어를 한 개만 꼽으라고 한다면 단연 창의성을 말하고 싶다. 어느 분야에서든 지금 하는 일을 더 잘할 수 있기 위해서는 창의성이 절대적으로 필요하다는 것을 테드의 강연을 통해 깨달았기 때문이다. 창의성creativity은 새로운 생각이나 개념을 찾아내거나 기존에 있던 생각이나 개념들을 새롭게 조합해 내는 것과 연관된 정신적이고 사회적인 과정을 말한다. 창조성이라고도 하며 이에 관한 능력을 창의력, 창조력이라고 한다. 창조력은 의식적이거나 무의식적인 통찰에 힘입어 발휘된다. 창조성에 대한 다른 개념은 '새로운 무엇을 만드는 것'이다. 이와 같이 창의성은 지금 하고 있는 일을 더 잘할 방법을 고민하게 해주고 끊임없이 시행착오를 통해 성장하는 사람들을 보며 용기를 얻게 해준다. 그렇게 용기를 얻은 사람들은 창의성 있는 아이디어로 세상을 바꿔나간다.

"성공한 창업가들은 상처투성이다. 겉으로 드러난 성공이 0.5%라면 99.5%의 실패가 필요하다"라는 말이 실감난다. 누구나 자기 분야에서 성공한 사람으로 인정받지 못한다 할지라도 테드를 접하게 되면 지금 하고 있는 일을 더 잘할 방법을 고민하면서 '나도 할 수 있다'는 용기와 희망을 갖게 되고, 단순한 지식 추구를 넘어 앞서나가는 삶의 지혜와 영감을 얻게 된다. 테드의 강연은 나이와 관계없이 공감의 폭이 넓고, 전문적인 지식이 없어도 쉽게 알아들을 수 있다. 테드의 강연을 누구에게든 한 번쯤 권하고 싶다.

행복을 위한 경제적 자유

우리는 경제적 자유를 얻기 위한 부정적 신념 체계들을 참이라 믿으며 살아왔다. 공부를 잘해서 좋은 대학을 가면 어떻게 되고, 가난하거나 부자가 되면 어떻게 되고 등등 끝도 없이 순진무구한 거짓들 속에 우리는 내맡겨진다. 사람들은 이러한 거짓 속에서 최대한 손해 보지 않기 위해 정반대의 선택을 했다가 겁에 질린 채 살아가기도 한다. 코로나는 이런 불확실성에 대한 공포를 더욱 증폭시켰다.

삶의 불확실성이 증가하면서 집값은 천정부지로 뛰었다. 돈의 가치는 떨어지고 세대 간 빈부의 격차는 커졌다. 혹시나 '인생에서 놓치는 것이 없는가'라는 성찰이 주된 관심사 '돈'에 대한 열망으로 귀결되어 돈이 인생의 불행을 막아준다고 생각했다. 이른바 '영끌', 영혼을 끌어모아서라도 빚을 내 집을 마련하겠다는 사람들이 늘어나고 마이너스 통장을 이용해 주식과 비트코인 투자 열풍을 낳았다. 하지만 그 결과는 저당 잡힌 세대의 어깨만 더 무거워졌을 뿐, 그들이 그토록 원하던 해피엔딩은 찾아오지 않았다.

사람들은 왜 그렇게 '돈' 모으기에 자신을 던져 사회적 문제가 되고 더 불행하게 되었을까. 특히 젊은 세대가 더 심했다. 우리는 부모보다 가난한 세대이며, 자산격차가 커져 근로소득만으로 부를 축적할 수 없을 뿐만 아니라 돈 때문에 선택이 바뀌지 않는 삶을 살고 싶지 않다고 한다. 그래서 더 적극적인 투자를 하게 되었다고 항변한다. 이와 관련하여 물질적으로 풍족해짐과 반대로 낮아지는 행복에 대해 연구한 프랑스 철학자 '알랭'의 말을 새겨들을 필요가 있다.

"남보다 나은 점에서 행복을 구한다면
영원히 행복하지 못할 것입니다.
왜냐면 누구든지 남보다 한두 가지 나은 점은 있어도
전부가 뛰어날 수 없기 때문입니다.
행복이란 남과 비교해서 얻는 것이 아니라
스스로 만족하는 데서 얻는 것입니다."

그는 사람을 불행하고 불안하게 만드는 원인을 '비교'라고 말했는데, 특히 타인과 비교하며 자신을 낮게 비하하는 것에 대해서 '내면의 폭군'이라고 표현했다. 벼락부자 = 행복이라는 등식은 성립하지 않는다. 행복은 끊임없이 노력하고 만들어가는 과정 사이사이에 있으며, 오늘만큼의 행복이 모여 행복한 인생을 만들어나간다. 행복이 오로지 큰돈을 버는 것이라고 한다면 돈을 벌 때는 행복하지만 돈이 벌리지 않을 때에는 불행하다. 행복이 오로지 자식들을 잘 키우는 것이라고 한다면, 자식이 공부 잘하고, 자기 앞가림 잘할 때는 행복하지만, 그렇지 못한 경우에는 계속해서 불행해질 뿐이다.

따라서 좀 더 새로운 가치관이 필요하다. 경제적 여유가 지금 당장 보이지 않는다고 남과 비교할 필요도 없고, 실망할 필요도 없다. 내가 원하는 것을 다 이룰 수 없는 것은 안타깝지만 가진 게 많지 않다면 걱정도 덜한 게 우리네 삶의 이치다. 그렇다면 어떻게 돈을 모아가며 어떤 마음으로 행복을 구해야 할까. 내 삶이 초라하다는 생각이 들 때는 내가 지금 제대로 된 인생 목표를 가지고 있는가를 스스로에게 물을 필요가 있다. 부모로부터 강요받거나 물려받은 삶을 살면 신바람이 안 난다. 목표가 자신의 것이 아닐 때 욕망을 불러일으키지 못하기 때문이다. 내 노력을 거치지 않은 부의 계량적 증가는 나의 결핍 욕구를 위해 존재할 뿐 나 자신을 위해 존재하지는 않는다. 그저 남에게 더 행복하게 보이는 인생, 그 이상도 그 이하도 아니다.

그래도 원하는 만큼 얻고 싶다는 바람이 있다면 스스로에게 꿈과 욕망을 묻고 실현 가능한 목표부터 세워나가자. 작은 성취가 쌓일 때 자존감도 높아져 타인에게 너그러워질 수 있고 시간이 흐를수록 소소한 행복은 더 자주 찾아올 것이다. 그리고 견딜만하지만 늘 고단한 삶이라는 것을 아는 순간, 우리는 돈의 역습에서 벗어나 더 많은 경제적 자유를 누릴 수 있게 될 것이다.

보이는 삶

옆집 엄마는 아이들에게 이것도 가르치고 저것도 가르치고 한다는데 나도 그래야 하지 않을까. 처음에는 판단하는 기준이나 자신에게 있다가도 주변 사람들 열에 아홉 명이 다 하고 있다고 하면 불안감이 엄습하기 시작하면서 은근슬쩍 사회적인 시선에 따라서 행동을 결정하고 만다. 이렇게 우리는 무의식적으로 누군가가 주입해 놓은 생각을 그대로 따라 하는 경향이 있다. 바로 옆집 누군가가 하는 것을 따라 하는 것이다. 남들이 목표하는 것을 나도 목표로 해야 안전한 것 같다. 남들이 원하는 것이 바로 내가 원하는 것이고 그게 최선이라 생각한다. 누구나 부자가 되기를 원하니 나도 뭔가를 따라 해야 돈을 벌 것 같고, 누구나 아파트에 사는 것을 원하니 나도 아파트에 사는 것을 꿈으로 가지면서, 남들이 이런 직업이 좋다고 하니 우리

아이도 그런 직업을 가지길 원한다.

과연 그것이 정말 내가 원하는 삶이 맞는 걸까? 물론 충족된 삶을 만들어가기 위해 남들이 정한 삶의 기준을 따라 하는 게 무조건 나쁘다고 말하는 것이 아니다. 그것을 원하는 이유가 무엇인지가 더 중요한 게 아닐까? 남들이 다 좋다고 말하니까 "나도 원한다", "나도 그렇게 한다"라는 이유가 정답이 될 수는 없다. 내가 원하는 삶이 남들이 세워놓은 기준에 따라 보여주기 위해 욕심을 채우기 위한 수단이라면 아무리 원하는 것을 얻어도 결코 행복하지 않을 것이다. 왜냐하면 세상은 항상 나보다 더 채워진 삶을 사는 사람이 있기 마련이다. 기준이 내가 아니라서 그 사람은 다시 또 그 사람을 내 삶의 기준에 올려놓을 것이기 때문에 영원히 채워질 수 없을 것이다. 결국 주변 사람들 시선에 따라 이리저리 삶의 목표가 휘둘리게 되면서 어떤 선택이 자신에게 최선의 선택인지 아닌지 판단할 수 없게 된다. 그래서 우리는 종종 고민을 거듭하다 결국 최악의 선택을 하곤 "지내고 보니 그게 아니었어"라는 후회를 반복한다.

나 역시도 부모가 원하는 대로 평범하게 남들처럼 사는 게 좋은 것이라며 생각하며 살아왔다. 공동체 삶을 살아가면서 스스로의 부정 속에 때로는 나의 선택을 존중하며 사회에 남아 있길 원했다. 분명 다른 선택이 나에게 더 좋다는 걸 알면서도 주변의 시선 때문에 포기하는 경우도 있었다. 비슷한 사람들 속의 한 사람으로 안전하길 원하는 것이었다. 나의 만족을 채우기 위해 남들이 바라보는 시선을 느끼며 그 사람들의 기준에 내 목표를 끼워 넣기도 했다. 그렇게 '나'를 지우고 남들과 비슷한 회색이 되어갔다. 하지만 그렇게 살아오면서 조금씩 사는 게 허무해졌다. 아무리 지난날을 되돌아봐도 이것이 나라고 할 수 있는 게 없었다.

그렇다면 진정으로 내가 원하는 삶이란 뭘까? 늦었지만 스스로에게 한번 물어보자. 나는 진정 내가 소망하는 삶을 살고 있는가? 내가 소망하는 삶의 모습은 무엇인가, 다른 사람의 기준이 아닌 나 자신을 기준으로 내게 좋은 것이 무엇이었는가, 다른 사람에게 보이는 삶의 모습이 내가 원하는 나의 삶이었는가, 그럼 지금까지 살아온 그 삶은 누가 정한 것이었는가.

그 삶의 모습은 다름 아닌 내가 정한 것이었다. 뒤늦은 깨달음이었지만 누구든 자신이 원하는 삶이 아니라면, 아무리 가치 있고 행복해 보여도 허울에 불과하다. 자신이 진정으로 원하고 소망하는 삶을 살 때 그것이 바로 '선'이고 '행복'이었던 것이다.

부부간의 신뢰와 사랑

오늘은 세상에서 무슨 일이 벌어지고 있는 걸까. 사람은 자기가 만든 관념의 틀 속에 스스로 갇히는 유일한 동물이라는 생각이 든다. 왜 나는 모든 일을 잘해야 된다고 생각하는 걸까. 스스로의 능력을 현실적으로 인정받고 모든 걸 잘해야 한다는 콤플렉스도 그런 고정관념의 하나일까.

"요즘 처자식은 남편이나 애비를 돈 벌어다주는 기계 정도로 알아요. 돈벌이가 시원찮으면 남편 취급을 안 해요. 굉장히 비참하고 외롭죠." 언젠가 택시를 타고 가다가 운전기사가 나에게 푸념조로 전해 준 말이다. 그리고 이런 내용의 인터넷 기사도 있었다. "유명 레스토랑에서 식사를 마치고 나온 여성들이 바쁘게 핸드폰으로 저마다의 남편을 호출하는 모습을 보고 누구의 남편이 제일 먼저 아내를 모시러 차를 몰고 오는지, 누가 더 철저하게 남편의 사랑을 받고 있는지 뽐내기 경쟁이라도 하는 것 같았어요. 누가 더 좋은 차를 몰고 와서 재빠르게 마님을 모셔가는가의 결과에 따라 그날 남편들의 신세가 결정되는 순간이었어요."

아마도 택시 운전기사의 말이나 인터넷 기사 내용은 시대의 변화 앞에서 남자의 몰락을 이야기하고 싶었던 것 같다. 하지만 그런 일이 인생의 본질, 부부간의 신뢰와 사랑에 크게 연관되어 있다고 믿지 않는다. 물론 완벽한 신세대 남편으로서 역할을 요구받고 있는 남편들이 처음부터 그런 마음이 아니었음에도 마지못해 그랬다면 그랬을 수도 있었을 거라 생각한다. 배우자 입장에서 자기 남편을 돈 벌어다 주는 기계로만 생각하거나 돈벌이가 시원찮아 남편 취급을 해주지 않거나 자신을 모시러 나오지 않았다고 해서 사랑이 없는 남편이라고 단정 짓는 사람은 없을 것이다.

오히려 돈만 많이 벌어다 주면 아내가 좋아할 거라 생각하고 매사에 나만의 편안함, 안락함을 결코 포기하지 않는 일방적인 남편이야말로 과연 우리가 일생을 걸고 평생을 동고동락할 반려자라고 할 수 있을 것인가?라고 반문할 것이다. 더구나 '바깥일은 내가 더 힘든데 왜, 꼭 집안일을 함께해야 돼. 내가 자기한테 못해 준 게 뭐가 있는데, 그 정도는 네가 충분히 할 수 있는 일이야, 제발 나를 간섭하지 마'라는 요구는 서로를 더욱 지치게 만든다. 그 외에도 가사노동, 돌봄노동, 집안일을 계획하는 정신노동, 명절과 친척들 경조사 때 발생하는 인지노동 등 아내들이 감당해 내야 할 힘듦이 많지만 사회구조가 아직도 가부장적으로 되어 있어 제대로 인정받지 못하고 있다고 항변한다.

나 역시 결혼생활에서 가장 힘들었던 것은 시댁과 친정의 문화 차이에서 오는 마음의 갈등이었다. 남편 역시 그런 문화에서 성장해서 그런지 나는 나대로 힘이 들고 한편으로 억울한 사정이 적지 않았다. 아무튼 부부란 따로따로일 수는 없다. 부부란 가정을 지키고 자녀를 양육하는 중요한 프로젝트의 공동책임자이지 각자일 수는 없다. 일상에서 서로가 지쳤을 땐 가사를 '도와준다'가 아니라 '함께한다'라는 마음가짐이 중요하다. 가끔씩 맛있는 음식점도 찾아다니고, 둘만의 시간에 감미로운 음악을 틀어놓고 감상하거나, 생일 때 근사한 레스토랑에서 와인 잔을 앞에 놓고 서로를 토닥이며 소중한 인생을 즐겨보자. 뻘쭘해 하는 남편의 어깨에 머리를 기대고 앉아 휴식을 취하며 이런저런 인생을 이야기하고 의논하면서 부부간의 신뢰와 사랑을 쌓아나가자.

그리고 누구네 남편이 어떻고 누구네 부인이 어떻다고 말하는 건, 서로가 그렇게 해주기를 바라는 서로의 희망이자 바람으로 생각하자. 핑계 댈 것 없다. 내 남편이 돈을 제일 많이 벌어다 주고, 좋은 자동차를 타고 와서 제일 먼저 나를 모시러 왔다는 사실이 중요한 게 아니다. 우리 모두는 애초에 제대로 된 연인을 찾아 서로 사랑한다고 고백하고 결혼했던 사람들이었다는 사실이 더 중요하다. 메울 수 있는 현실의 공백이 너무나 커서 갈라서지 않는 한 서로의 잘못은 모두에게 있다.

샤워실의 바보

샤워를 할 때 따뜻한 물이 나오게 하려고 손잡이를 온수 쪽으로 돌리다 보면 너무 뜨거운 물이 나와 깜짝 놀라 다시 차가운 냉수 쪽으로 급하게 돌리면 금세 차가운 물에 놀라 다시 온수 쪽으로 손잡이를 돌린다. 결국 성격 급한 사람은 온수와 냉수를 오가다 샤워를 끝마친다. 이런 현상을 노벨 경제학상 수상자이자 시카고 대학교 교수였던 '밀턴 프리드먼'은 이를 '샤워실의 바보a fool in shower'라고 불렀다.

이와 같이 '샤워실의 바보'는 경제학 용어로 쓰이지만, 실제 우리 일상에서도 흔히 볼 수 있다. 자기의 원칙이나 소신 없이 수시로 변하는 세태에 휩쓸려 다니며 방향을 잃고 표류하거나, 뜨거움을 열정으로 차가움을 합리로 치환하여 포장하는 위선에 이리저리 이용당하고 산다. 자신은 그게 아니라고 부정해도 정작 남이 볼 때 '샤워실의 바보'가 아닐 수 없다. 조선 초의 청백리 황희 정승은 모든 결정에서 중간의 도를 택한다는 중용을 우리가 잘 알고 있는 일화를 통해 주장한 바 있다. 어느 날 계집종과 사내종이 다투다가 황희 정승에게 옳고 그름을 판단해 달라고 청했다. 계집종의 억울한 심경을 들은 황희 정승은 "네 말이 옳구나"라고 말해 주었다. 이번에는 사내종의 입장을 끝까지 듣고서 고개를 끄덕였다. "과연 네 말도 옳구나." 그때 황희 정승의 부인이 나섰다. "이쪽이면 이쪽이고 저쪽이면 저쪽이지, 어찌하여 이쪽도 옳고, 저쪽도 옳다고 하십니까?" 황희 정승은 빙그레 웃으며 "그래요, 부인의 말도 옳습니다."

이 일화에서 우리는 불확실성을 감안하여 모두의 입장을 귀담아듣는 황희 정승의 인간 존중과 중용의 사상을 엿볼 수 있다. 위와 같이 어떤 갈등이 치유되려면, 샤워실의 바보에서 말한 것처럼 뜨겁지도, 그렇다고 차갑지도 않은 미지근한 상태로 적정 온도를 만들어주어야 행복한 샤워를 할 수 있듯이, 어느 일방이 승자가 아닌 중도에서 서로 양보와 타협으로 화합해야 한다. 마치 뜨거운 물과 차가운 물이 만나 타협을 이뤄내면 기분 좋은 샤워는 물론 화상을 당할 우려도 없거니와 샤워실을 박차고 나갈 일도 없는 것과 같다. 이는 곧 모든 결정에서 지나치거나 모자라지 않고 한쪽으로 치우치지 않는 떳떳함과 당당

함의 상태로 중간의 도를 택한다는 중용의 가치가 높게 평가되고 있다는 증거일 것이다.

삶의 원칙과 철학이 없이 사는 것은 기둥과 골조를 세우지 않고 건물을 짓는 것과 같다고 하는데, 나 역시 올해도 뜨거움의 뜬구름에 혹했다가 차가움에 화들짝 놀라 이리저리 수도꼭지를 돌리느라 아까운 시간을 많이 허비한 것 같다. 샤워실의 바보처럼 행동하는지도 모르고 여기저기 휩쓸려 다니지는 않았는지, 극단의 선택지를 들이밀며 바보처럼 행동한 일은 없었는지 돌아본다. '적당히'와 '신중하게'를 분별하지 못하는 샤워실의 바보가 되지 않도록 다시 한 번 인생 곳곳의 흔적을 반추한다.

리틀 포레스트 Little Forest

아파트 청약, 00평 아파트 분양, 오피스텔 3평 원룸, 6평 분리형 원룸, 12평 투룸… 우리는 이런 단어에 익숙해 있지 않나요? 뭐든 부족한 것보다 남는 게 좋고, 남의 집에 전세 사는 것보단 내 집이 있어야 한다는 마음으로 열심히 모아놓은 돈으로 신나서 집을 샀답니다.

하·지·만…

어느 순간 내 마음이 턱 막혀 아무것도 못할 대에는 풀처럼 자라나는 욕심이 허리까지 자라서 난리였고, 가끔은 패닉이 될 때 '정말 이 마음을 다 어쩌지?'라는 공간 속에 갇혀 무서워지기 시작했습니다. 좁아터진 마음과 점점 커져만 가는 욕심, 이걸 어떻게 다 혼자 해결해 나가야 하나 정말 막막하더라고요. ㅠㅠ 그래서 욕심을 내려놓고 조금씩 현실과 타협하기로 했어요. 틈나는 대로 자연과 가까워지는 산책과 여행을 통해 '리틀 포레스트'를 만들어나가기로 한 것입니다. 그러다 보니 요즘은 모든 게 참 다르게 보입니다. 예전에는 그저 촌스럽고 시골스럽다고만 생각했던 것들이 이제는 다 자연스럽고 당연하고 예쁘게 느껴지더라고요. 이런 것들을 보면 "예쁘다는 게 뭘까"라는 생각이 들어요. "그냥 자연스럽게, 있는 그대로, 그게 제일 예쁜 거구나"라는 생각을 참 많이 해요.

사·실·오·롯·이…

나에게 집중하고 싶어서 결정한 일이었지만, 생각보다 바빠진 일상에 조금 힘들 때도 있어요. 하지만 저는 그럴 때마다 자연 속에 펼쳐진 풍경들을 바라보며 위로받고 힘을 얻고 있답니다. 내가 찾아 나서는 곳이 바로 저만의 '리틀 포레스트'인 셈이죠. 그리고 저는 꼭 나의 텃밭이 없어도, 나의 마당이 없어도, 나만의 '리틀 포레스트'는 누구나 맘먹으면 조그맣게 꾸밀 수 있다는 걸 말씀드리고 싶어요. 조그만 화분, 한 권의 책, 포근한 침대, 내가 최애(?)하는 공간과 소품이 각자의 '리틀 포레스트'가 될 수 있다고 생각해요. 비록 저는 그걸 깨닫지 못해 이렇게 살아가고 있지만요.

그·런·데·제·가…

이곳저곳 다녀본 곳 중에서 제 마음속의 '리틀 포레스트'는 제

주도였답니다. 제철요리 재료가 가득한 시골, 형형색색으로 반짝이는 바닷물과 눈만 돌리면 푸르름이 가득한 공간은 오롯이 나만의 여유를 안겨주었습니다. 힘이 들면 언제든 잠시 쉬어가도 괜찮다고 위로하면서 어떤 삶을 살 것인지, 인생에서 나를 제대로 마주한다는 것이란 어떤 것인지를 알게 해주었어요. 이곳에서 많이 느끼는 게 '서울에서도 이렇게 살았으면 좋았을 걸'이에요. 배달음식 좀 덜 먹고, 나 좀 챙기고, 공원에 산책이라도 나가고 그렇게 살았으면 이렇게 어느 날 갑자기 미친 척 제주에 자주 내려오지 않았을 텐데… 하는 생각을 많이 하네요.

물·론·각·자·의…

직업을 포기하지 않는 이상 우리는 항상 바쁠 거고, 항상 시간이 없을 거예요. 그렇지만 삶이란 내 호주머니 속에 들어 있는 동전과 같아서 내가 좋은 결정을 내릴 때는 나의 주머니에 동전이 들어오지만 반대로 나쁜 결정을 내릴 때마다 주머니에 있는 동전을 꺼내줘야 한다면, 계속해서 잘못된 결정을 내리는 사람들은 뜻밖에도 어느 날 주머니가 텅 비어 있다는 것을 깨닫게 될 거예요. 그래서 나를 위해 어떤 결정을 해주면서 사느냐가 참 중요한 것 같아요. 앞으로 저는 부족하지만 요즘 다들 바빠서 놓치고 있는 것들 '어떻게 사는 게 좋은 삶이고 예쁜 삶인지' 주체적인 인생에 대해 더 깊이 고민하면서 오늘도 나만의 '리틀 포레스트'를 소중하게 지켜나가고 싶답니다.

호더스 증후군

방송에서도 방영된 적이 있는 '호더스 증후군Hoarder syndrome'은 일명 '저장 강박증'이라고도 불리는데, 한 번 물건을 가지게 되면 그 물건을 버리지 못하는 사람들을 말한다. 이런 사람들은 치우는 행위 자체에 불안감을 느껴 온 집안에 온갖 것들을 쌓아두게 되며, 모든 것을 중요하다고 여겨서 어떤 것도 버리질 못한다고 한다. 심리학에서는 물건을 치우면 그 물건에 담긴 추억도 사라지지 않을까 두려워하는 공허함이 만든 병으로 해석한다.

'호더스 증후군'은 넓게는 자신의 행동이나 가치관, 신념도 포함되는 정신적인 강박증도 있다고 한다. 고통, 분노 등 나쁜 기억들을 쉽게 떨쳐내지 못하고 마음속에 스트레스를 담아두는 것이다. 이런 사람들은 늘 그 자리에 머물러 있고 시간이 흐

클수록 스스로의 껍질이 더욱 두터워지면서 결국에는 밖으로 깨치고 나올 생각과 힘마저 잃고 만다. 나무가 봄에 새잎을 틔워내기 위해서는 가을에 아낌없이 잎을 떨쳐내야 하는 것처럼 과감하게 모든 것을 떨쳐내야 하는데 그렇지 못하기 때문에 또 다른 발전이나 기회가 주어지지 못한다.

그럼 혹시 나도 넓은 의미의 호더스 증후군에 해당되는 건 아닐까. 이 정도 증후군에 포함되지 않는다고 생각될지라도 물건을 구입할 때는 나에게 꼭 필요한 물건인지 아닌지 한 번 더 생각해 보고, 만졌을 때 마음의 설렘이 없거나 어쩌다 한 번이라고 생각되는 물건은 나중을 생각하지 말고 과감하게 버리자. 이런 잡동사니 물건에 시간적, 정신적 낭비를 스스로 초래할 필요는 없다. 그리고 지난날의 나쁜 기억들과 고통스런 기억들 역시 마음속에 쌓아두지 말고 함께 버리도록 하자. 인생을 살아가는 데 100이 최적의 행복 기준점이라면 기준점 이후에 추가로 30을 더 얻게 되었을 때, 기존의 30을 덜어낼 줄 알아야 빈자리에 행복이 찾아오게 된다.

아무튼 넘치는 건 줄이고 모자라는 것을 채우는 것이 우리의 인생이다. 우리가 가진 것 중 80%를 버려도 사는 데 문제가 전혀 없다고 한다. 덜어내지 못하고 자꾸 쌓이기만 하면 나는 점점 더 작아지고 만다. 물건이나 마음이나 비울수록 정신적 강박증에서 벗어나 스스로 넉넉해지는 행복한 마음을 느낄 수 있다. 덧셈만을 외치는 세상에서 제대로 된 뺄셈도 반드시 필요한 이유다.

어떻게 살아야 할까요

유일하게 손이 가는 TV채널이 있다. 현대인들에게 힐링과 참된 행복의 의미를 전하는 '나는 자연인이다'라는 시사교양 프로그램이다. 보는 동안 마음이 편해지기도 하지만 이 프로그램만큼은 나를 위한 이야기처럼 동감이 느껴진다.

다양한 삶을 살아왔던 출연자들의 직업만큼 산속 자연으로 들어온 사연들도 갖가지이지만 하나같이 "나는 지금 이대로가 너무 행복하다"고 말한다. 화려했던 과거보다 나답게 사는 지금이 더 행복하다는 자연인, 남에게 맞춰 늘 바쁘게 흘러가야 했던 과거의 시간을 벗어나 이제는 자신의 속도에 맞춰 살아가는 게 너무나 행복하다는 자연인, 항상 기다렸던 스무 살의 첫사랑을 회상하며 먼저 떠나보낸 아내가 너무도 그리워 손 편지를 연에 묶어 날려 보내는 자연인, 마치 초월자의 입장에서 자신의 왕국을 만들어 용왕처럼 살아가는 자연인, 모두 현실과 이상의 거리를 관망하는 듯하다.

하지만 이들의 가슴속에 쌓인 소리를 듣고 있노라면 그들 역시 보이는 것에만 가치가 부여되는 전시사회에 떠밀려 스스로가 전제적 지배자가 되었다가 결국 자기 자신의 행위 속에 질식되어 자연을 택한 사람들이라는 걸 금방 알 수 있다. 그들은 하나같이 끝없는 성공에 대한 유혹, 보이는 것에만 가치를 부여하는 성과사회의 압력 속에서 최대의 가치로 삼아 달려온 그 살벌함에 다시 실려가지 않기 위해 나답게 살아가는 길을 택한 사람들이다. 그리고 긍정성의 패러다임 속에서 균형을 잃지 않기 위해 바람결에 흔들리는 작은 꽃잎 하나에도 의미를 부여하는 사색적 삶을 살아간다.

그곳에서 갇힌 시간을 반복하고 접을 수 없는 마음과, 상처입고 눈부시게 빛나는 삶을 살아가는 자연인들의 삶의 모습을 보고 있노라면 그 자체로 인간 본연의 모습을 떠올리게 만든다. 그리고 사람들은 그 떠올림 속에서 나를 살펴보고 내 마음이 어떨 때 행복한지를 되묻는다. 어떻게 살아야 할까요, 그냥 이대로 사는 게 좋은 건가요. 티브이를 켜면 세상 모든 일이 남의 이야기밖에 없다. “내가 품은 인생의 답이 자연에 있었다”

는 이들의 말은 오늘도 마치 나를 위한 이야기처럼 내 마음이 어떨 때 행복한지를 알게 해준다.

뉴노멀의 일상

갑갑한 일상을 탈출하기 위해 무작정 집을 떠나 바닷가 작은 카페에 들렀다. 테라스가 있는 작은 탁자에서 커피 한 잔을 마시며 바다를 넋 놓고 바라보았다. 주어진 공간이 아닌 다른 곳에서 느껴보는 나만의 일탈이라고 할까. 해변에 밀려오는 하얀 포말과 파도소리를 들으며, 잠시 마스크를 벗고 답답함을 내려놓는다. 좀처럼 사그라들지 않는 괴상한 바이러스의 대유행은 삶의 모든 국면에서 타인과의 접촉을 막는 방향으로 우리를 내몰았다. 그렇다고 딱히 누구의 잘못이 아니다 보니 남 탓을 할 수도 없고 어디다 하소연할 때도 없다.

입은 비뚤어져도 마스크는 써야 되고, 백지장도 맞들지 마라는 유머가 나올 정도로 타인과 마주해야 할 때면 마스크를 쓰는 것이 예의이며, 서로 간의 접촉은 거부한다. 사회적 거리두기가 계속되면서 이로 인한 스트레스 관리와 마음 건강 챙기기가 쉽지 않다. 그래도 친구들을 만나 수다를 떨면 스트레스가 조금 풀렸는데 매일같이 방에 갇혀 살다 보니 우울함이 계속 커진다. 무력감, 막막함만 더해 간다. 면역력을 키워야 이겨낼 수 있다는 말에 꾸역꾸역 챙겨 먹다 보니 애꿎은 뱃살만 자꾸 늘어가는 것 같다. 삶의 테두리와 풍경이 어느 순간 멈추거나 사라질 수 있다는 사실을 당혹스럽게 확인하는 달라진 일상의 단면이다.

가까운 사람들과 만남이 급격히 줄고 여가를 홀로 보내는 단조로운 생활에 대한 안타까움, 파쇄된 감정들, 코로나 사태가 장기전으로 이어지면서 우리가 느끼는 피로감과 스트레스도 시간에 비례해 부정적 영향이 커지고 있다. 여기저기서 어려움으로 인한 힘겨운 삶을 눈물로 호소하고 있다. 모든 게 슬픈 현실이 되어버렸다. 감염병의 존재는 우리가 서로 연결되어 있고 함께 살아간다는 사실을 이상한 방식으로 확인시켜 주었다. 먹고 살아야 한다는 고통 앞에서 힘들게 싸우며 버티는 사람들에게 그저 미안한 마음이다. 그들의 감정 앞에 무슨 말을 얹기가 힘들다.

그러나 어찌하랴, 그래도 우리는 살아가야 하는 것을… 서로를 기다리며 사랑하는 사람 때문에 우리는 살아야 한다. 노력한 만큼의 기대와 살아온 만큼의 감사, 그리고 함께할 만큼의 사랑과 꿈이 있기 때문에 이겨내야만 한다. 살아나가는 것이 가장 큰 사랑이다. 오늘은 또 어떤 일이 벌어지고 내일은 또 예상치 못한 어떤 일이 벌어질지 알 수 없지만, 언택트가 코로나 시대를 살아갈 우리의 가장 기본적인 뉴노멀이 된다고 할지라도 어차피 우리는 지구별이라는 행성에서 사랑하는 사람들과 영원히 살아가야 하니까. 언제든 우리는 이겨내야 한다.

착한 식당≧못된 식당

이상하게 변해 버린 세상에서 세상을 새롭게 보게 하는 이야기가 없다면 우리는 하나의 삶만 살게 될 것이다. 그래서인지 요즘 착한 식당, 착한 가격, 착한 임대인 이야기가 종종 들려온다. 그런데 나는 이 '착한'이라는 말이 인위적으로 선한 인간과 악한 인간을 구분 짓는 것 같아 귀에 무척 거슬린다. 마치 인간의 이기심을 자극하는 용어같이 들린다. 그래서 '착한'이라는 말이 불편하다. 바꿔 말해서 착한 식당, 착한 가격, 착한 임대인이 아니라면 나머지는 못된 식당, 못된 가격, 나쁜 임대인이라는 말이 된다.

여기서 말하는 '착함'의 기준은 누가 정한 것일까. 인간은 누구나 '선함'에 대한 자연적인 본능을 따르게 되어 있다. 원래부터 착한 인간과 나쁜 인간은 구분되지 않았다. 오히려 끊임없이 경쟁을 지향해야 살아남는 사회구조가 인간의 본성을 이기적으로 만든 것은 아닐까. 고대 인류 역사로 돌아가 우리와 비슷한 모습을 한 네안데르탈인과 호모 사피엔스의 탄생에서 그 답을 어렴풋이 짐작할 수 있을 것 같다. 우리는 이들을 현생 인류의 직접적인 조상이라 일컫는다. 그중 네안데르탈인은 호모 사피엔스만큼 지능도 높았고 체력이 더 좋았음에도 멸종되고, 호모 사피엔스가 살아남았다. 멸종 원인에 대해 여러 가설이 있지만 호모 사피엔스가 생존할 수 있었던 이유는 더불어 살 수 있는 능력을 발휘하여 빙하기를 더 잘 견뎌냈기 때문이라고 추측하는 가설도 있다.

그렇다면 몇 만 년을 거쳐 이어져 온 선과 악, 좋음과 나쁨, 인간의 잔인성과 폭력, 이기심은 어쩌면 본성이 아니라 후천적인 학습의 결과물일 수도 있겠다는 생각이 든다. 오늘날의 인류가 사랑과 연대의 힘으로 수많은 기적이 모여 만들어졌기에 더욱 그렇다.

그래서 누가 착한 사람이고 누가 나쁜 사람이어야 하는가?라는 질문은 때때로 피하고 싶다. 자신이 생각하는 선과 악의 기준은 날마다 다를 수 있다. 사람들은 그 불분명한 실체를 알지 못해도 다양한 모습으로 다양한 역할을 하며 살아갈 뿐이다. "도덕적으로 사는 것은 자유롭다는 증거다"라고 말한 칸트의 말을 되새기며, 공동체 안에서 서로가 함께 살아갈 방법을 찾아나가는 것이 현실적인 절망감을 이겨내고 보다 나은 사회를 만들어 갈 거라 생각한다. 침묵 속에서 밥을 먹으면서도 괜히 미안한 생각이 든다면서 경제적으로 고통받는 이들의 걱정을 먼저 해주는 친구들의 모습이 오늘따라 단연 아름다워 보인다.

종교를 가진다는 것

일간신문을 뒤적이다 어느 교회 목사님이 신문에 기고한 글이 마음에 와닿았다. "우리가 신앙생활을 하는 것은 누군가의 종이 되기 위함이 아니다." 하나님이 이집트에서 노예살이 하던 동포를 이끌고 탈출한 모세를 시내산으로 불러 "너희가 동의하면 언약을 맺어 나는 너희의 하나님이 되고, 너희는 내 백성이 될 것이다"고 한 것은 백성을 중요한 파트너로 인정해, 종이 아니라 자기 삶의 주체로 세운 것이다. 종교는 사람을 종으로 만드는 게 아니라, 스스로 생각하고 운명의 주인이 되도록 만들어주어야 한다고 역설했다.

그리고 그분은 한국 크리스천들에게 역동적이고 열정적이고 헌신적인 장점이 있는 반면, 성찰적 지성이 제대로 작동하지 않는 점을 아쉬워했다. 우리나라엔 대형교회와 대형이 되고 싶은 작은 교회도 있다고 한다. 교회를 키우고 싶은 욕망 때문에 신앙의 본질은 제치고 비본래적 목적에 집착하다 보면 사람을 동원할 대상으로만 여기게 되고, 사유하는 주체가 아닌, 대형교회의 생산을 늘리기 위한 대상으로만 보게 될 수밖에 없음을 지적한다. 그래서 각자가 주체적 신앙을 가져야 한다고 주장한다. 주체적 신앙을 갖지 못하면 교인들이 일상과 유리된 논리와 편견을 강화하는 말에만 부화뇌동하는 경향이 짙어지게 된다는 것이다.

그러면서 그분은 크리스천다운 삶의 자세를 성경의 '레위기 19장'을 들어 설명했다. "하나님께서 내가 거룩한 것같이 너희도 거룩하라"면서 거룩함 앞에 선 사람은 밭에서 추수할 때 한 모퉁이를 남겨두라고 했다. 너희 가운데 사는 가난한 사람들의 몫으로 말이다. 병들고 장애가 있고, 가난하고 소수자인 약자를 보며 창자가 애끓는 긍휼을 느꼈던 하나님의 마음에 공감하고 접촉하지 않으면서 가진 자의 눈치만 본다면 진정한 그리스도인이라 볼 수 없다고 했다.

하지만 저마다 종교가 던져주는 메시지는 분명해 보인다. 자신의 신념에 따라 종교를 가진다는 것은 각자가 믿는 그분에 대한 희망 때문이 아닐까. 누구나 자기가 믿는 그분의 뜻에 공감하고 공간을 만들어나간다는 것은 사회적 약자와 함께하는 공감 공간을 일궈 나가는 것을 의미하는 거라 생각한다.

종교 안에서 종교를 넘어 희망이신 그분이 있기에 종교를 믿는 것, 그분은 사랑이며 목적이 있을 거라는 믿음. 그 믿음을 통해 불완전하고 어리석은 우리를 더욱 성숙하게 만들어나가고, 서로 다른 삶의 다른 면을 보게 만들고… 그러면서 우리는 살아가는 이유를 찾는 것은 아닐까?

반려종 선언

길고양이에게 먹이를 주는 문제로 '캣맘'과 주민 간에 고성이 오갔다. 먹이를 챙겨주지 말라는 주민은 고양이에게 인위적으로 먹이를 제공하게 되면 개체 수가 빠르게 늘어나 배설물로 인한 환경오염, 한밤중에 내는 울음소리로 인한 불면증과 스트레스 가중, 자동차 훼손, 고양이 침입으로 인한 전염병 우려 등을 주장했다. 그러자 캣맘은 "처음부터 길고양이였던 게 아니다. 원래는 반려묘였다가 인간에 의해 유기되면서 그렇게 된 것이다. 인간이 그들을 버리고 자연을 다 파괴하는 바람에 사냥해서 먹을 게 없어 죽어가고 있기 때문에 주는 것이다. 생명의 소중함을 깨달아야 한다. 그리고 전염병은 쥐가 더 문제다. 고양이가 없으면 쥐가 득실대 더 큰 위험이 닥쳐올 수 있다." 그러다가 막판에는 고양이의 행복 문제를 거론하며, "길고양이도 행복하게 살 권리가 있다. 고양이를 고양이답게 살게 해주려면 최소한 먹는 문제는 해결해 주어야 한다.", "그렇게 끔찍하게 고양이를 사랑한다면 직접 데려다 키우지 그러느냐"고 반박하면서 서로 맞섰다.

요즘 길고양이 캣맘 활동을 두고 찬반 논쟁이 뜨겁다. 동물애호센터에는 주인의 사망이나 장기입원, 치매 등의 이유로 버려진 개나 고양이가 약 40%를 차지한다고 한다. 길고양이가 늘어나자, 이들을 보살펴주는 '캣맘'도 계속해서 늘어나는 추세다. 하지만 캣맘들이 길고양이를 보살펴줌으로써 개체 수가 계속해서 늘어나는 것에 대한 불만을 제기하는 주민들도 많다. 어떤 주민은 "길고양이 개체 수가 너무 늘어나 감당하기 힘들다. 캣맘들이 개체 수 증가에 대한 문제를 고려하지 않고 무작정 길고양이만 돌보는 것은 문제가 있다고 생각한다"고 말했다. 길거리에 나돌아다니는 길고양이들의 배설물이나 한밤에 울면서 잠을 깨우는 행위 등이 개체 수 조절이 되지 않아 생긴 일이라는 것이다.

이와 관련하여 해러웨이의 『사이보그 선언』과 『반려종 선언』은 인간과 동물, 기계 등 이 땅의 여러 존재들이 서로 어떤 관계를 맺으며 살아가야 할지에 주목하며, 현재 인류가 가장 시급하게 답해야 할 절박한 문제들을 고찰한다. 이 책에서 저자는 '반려종'이란 일차로 인간과 함께 사는 개나 고양이를 가리키지만, 더 크게는 인간과 공생의 관계에 있는 모든 종의 생명체를 가리킨다.

여기서 주목할 것은 개나 고양이의 편에서 보면 인간도 반려종이라는 주장이다. 개나 고양이가 인간에게 반려종이듯, 인간도 개나 고양이에게는 반려종이라는 것이다. 그래서인지 본인이 없어도 반려동물이 끝까지 좋은 환경에서 생활할 수 있도록 유산을 남기는 사람이 적지 않다. 1200만 달러를 상속받은 반려견, 집과 현금 9억 원을 상속받은 반려묘 등 거액의 유산을 받은 반려동물에 대한 뉴스가 심심치 않게 전해지는 것도 이와 무관해 보이지 않는다. 서로가 서로에게 대등한 존재라는 이런 발상은 우리의 익숙한 인간중심주의 세상에 시사하는 바가 크다고 할 수 있다.

사이보그가 더는 괴기스럽지 않은 시대, 그리고 반려동물 천만 시대, 인간은 이미 오랜 기간 기계, 동물 등과 역사 및 문화를 만들어왔고, 앞으로도 기술 및 생명과학의 발달에 따라 새로운 친족(?)이 계속 추가될 것이다. 그렇다면 인간과 동물의 이분법적 경계는 어디까지일까? 받아들이기 어려운 생각이겠지만 이제는 이들과 서로 응답하는 법을 배워야 할 것 같다.

나에게 멘토란?

멘토란 경험이 없는 사람에게 오랜 시간에 걸쳐 조언과 도움을 베풀어주는 유경험자를 일컫는 말이다. 멘토라는 말은 호메로스의 서사시『오디세이아』에 나오는 오디세우스의 친구 이름에서 유래했다고 한다. 트로이 전쟁에 나선 오디세우스는 아들 텔레마코스의 교육을 친구인 '멘토르'에게 맡겼다. 멘토르는 오디세우스가 전쟁에서 돌아오기까지 무려 20년 가까이 텔레마코스의 친구이자 스승, 때로는 아버지가 되어 그를 돌봐주었다. 이후 멘토르는 지혜와 신뢰로 한 사람의 인생을 이끌어주는 스승의 동의어로 굳어졌다.

그렇다면 나의 멘토는 누구일까. 이 질문에 대한 대답은 내가 만나는 모든 대상이 나의 멘토다. 서로 다른 분야, 생각, 나이, 경험을 가진 사람들과 나누는 대화는 나에게 지속적인 다른 생각과 경험의 자극을 가져다주고 있기 때문에 이들 한 사람 한 사람이 나의 멘토라고 생각한다. 그중에서 특별한 멘토를 꼽으라면 그것은 다름 아닌 책이다. 나의 이야기를 직접 들어주지는 않지만 책을 한 권 읽어갈 때마다 어떻게 살아가야 하는지 내 삶의 로드맵이 되어주기도 하고, 지속적으로 생각의 실마리와 지식, 간접경험을 만날 수 있기 때문이다.

애플의 창업자인 스티브 잡스는 평생 한 사람의 멘토를 갈구했다고 전해진다. 그는 "나에게 소크라테스와 한 끼 식사할 기회를 준다면 애플이 가진 모든 기술을 그 식사와 바꾸겠다"고 말했다. 애플 창업주의 철학이 느껴지는 문장에 감동이 느껴졌다.

소크라테스는 진리를 찾아 끝없이 질문을 던졌던 철학자이다. 만약 나에게 한 사람만이 살아남는 생존경쟁의 무대에서 어느 한 사람의 멘토가 되어, 멘티에게 내가 원하지 않는 생존경쟁의 논리를 상대에게 설명해야 한다면 나는 어떻게 해야 되는 걸까. 그런 의문이 들면서 내가 누군가의 멘토가 될 수 있다는 생각을 해본 적은 없다. 다만 누군가와 이야기를 나누고, 훗날 나와 이야기를 나눈 누군가로부터 살아가는데 내 이야기가 많은 도움이 되었다는 이야기를 들을 수 있도록 노력해야겠다는 생각은 가지고 있다.

그분

"그러니까 갈 거야, 안 갈 거야. 이제 와서 뭘 망설이는데."
"평생을 고생고생하며 살았는데 니가 나한테 이러면 안 되지."
"제기랄, 내가 당신한테 고생하면서 살라고 시킨 거야, 꼭 나를 위해 산 것같이 말하면 안 되지. 나도 뭔가 살아보려고 노력하다가 이렇게 된 거 당신이 더 잘 알잖아."

그러자 그분은 실망을 넘어 분노가 서린 말을 내뱉었다.
"돈 필요할 때만 어머니라고 찾아와 행패부리는 니가 인간이냐."
은행 문을 들어서기 전, 들어가지 않겠다고 맞서는 그분에게 정말 안 들어갈 거냐고 반말투로 협박을 거듭하던 아들은 이내 태도를 돌변하여 "그러지 말고 나 좀 도와주세요. 조금 전에 엄마한테 화낸 거 미안해요. 엄마의 아픈 마음, 내가 왜 모르겠어요. 하지만 난 당신 자식이잖아요, 이번 한 번만 꼭 도와주세요."

"……"

그분은 말없이 한숨만 푹푹 몰아쉬더니 마지못해 은행 문을 들어섰다. 얼마 후, 모든 대출 절차를 끝마친 모자는 단둘이서 마주 앉았다.

"오늘 수고했어, 나 바쁜 일이 있어서 먼저 가볼게."

"그래 이젠 네가 원하는 대로 도장 찍어주었으니 너 먼저 가봐."

아들은 알 듯 모를 듯 씁쓸한 웃음을 지으며 먼저 은행 문을 나섰다. 그러자 그분은 뭔지 모를 체념 속에 한동안 허공을 응시하며 흐느낌을 계속하다 혼자 은행 문을 나섰다.

가족이라는 절대성의 눈금을 통해 얻어지는 심리적 통증만큼 심한 병이 세상에 또 있을까. 가족은 살아야 하는 가장 확실한 이유가 되기도 하지만, 혈연의 당연성을 주장하며 서로의 삶을 짓누르는 가족 너머의 이런 이중성을 어떻게 표현해야 할까. 이것이 가족 그 너머를 생각해야 하는 이유가 되기나 하는 걸까. 아무튼 나의 결론을 말하자면 '시모주 아키코'가 『가족이라는 병』에서 표현한 것처럼 말없이 자신을 사랑해 주는 이가 존재하지 않는 가족은 가족이라 할 수 없다는 것이다.

꼰데기와 콩테

요즘 주변에서 '꼰대'와 관련된 말을 자주 전해 듣는다. 꼰대는 권위적인 사고를 가진 어른이나 선생님을 비하하는 학생들의 은어로 최근에는 꼰대질을 하는 사람을 가리키는 의미로 사용되고 있으며, 어원에 대해서는 영남 사투리인 '꼰데기'와 프랑스어 '콩테Comte'에서 유래됐다는 주장이 있다. 번데기의 영남 사투리인 '꼰데기'가 어원이라는 말도 있으며, 다른 한 가지 주장은 프랑스어로 백작을 '콩테'라 하는데, 이를 일본식으로 부르면서 '꼰대'가 되었다는 주장이다.

일제강점기 당시 친일파들이 백작, 자작과 같은 작위를 수여받으면서 스스로를 '콩테'라 불렀는데, 이를 비웃는 사람들이 일본식 발음으로 '꼰대'라 불렀다고 한다. 즉 '이완용 꼰대'라고 부른 것에서 꼰대라는 말이 시작됐고, 친일파들이 보여준 매국노와 같은 행태를 '꼰대짓'이라 했다는 것이다. 최근에는 기성세대 중 자신의 경험을 일반화해서 자신보다 지위가 낮거나 나이가 어린 사람에게 일방적으로 강요하는, 이른바 꼰대에서 파생된 '꼰대질'을 하는 사람을 가리키는 의미로도 사용되고 있다.

최근 기성세대 중에서도 치졸하게 나이 들어가는 '꼰대' 같은 사람이 늘어나고 있다고 한다. 그래서 꼰대를 감별하는 '꼰대 육하원칙'이 유행이다. "who 내가 누군지 알아, what 뭘 안다고, where 어딜 감히, when 나 때는 말이야, how 어떻게 나에게, why 내게 그걸 왜"이다. 이런 사람들의 특징은 구태의연한 생각에 젖어 합리적으로 시비를 가려야 하는 문제에도 어이없는 당위를 내세워 몰상식한 행동을 하는 데서 많이 찾아볼 수가 있다. 때에 따라서는 지나친 우월감이 박탈감의 분노로 치환되어 사회문제가 되기도 한다. 학자들은 이렇게 꼰대질(?)을 할 수 있는 사람들에게서 몇 가지 유형의 공통점을 찾아볼 수 있는데, 체크리스트를 통해 혹시 예비 꼰대에 해당하는 사람이 아닌지 자신을 살펴보라고 한다.

ck 자기 입으로 자기 자랑을 많이 하는 유형이다. 은근히 잘난 척하면서 자기 자신을 과대평가하는 반면, 상대방을 깔아뭉개는 발언을 하고서도 아무렇지 않은 것처럼 행동하면서 자신이 중요한 존재임을 항상 어필하고 싶어 한다. 사람들과 대화할 때 상대의 말을 끝까지 들으려 하지 않으면서 자신의 과거 성공담이나 경험담에 대해서는 신이 나서 자주 이야기한다.

ck 자신의 감정을 다스리지 못하는 유형이다. 단순한 의견 차이를 자신에 대한 비판으로 여기며 감정적으로 상대방을 공격한다. '좋고 싫음'이 분명한 성격으로 좋아하는 사람은 무한 신뢰하지만, 한번 싫은 사람으로 인식한 상대는 장점이 눈에 띄더라도 인정하지 않는다. 지나치게 흥분하면 발끈해서 소리치거나 몇 년 전의 일을 끄집어내 화를 낼 때가 많다. 지나간 일에 앙심을 품거나 혼자 꽁하게 마음에 담아두기를 반복하며 자신에 대한 반론, 비판에 과민반응을 보인다.

ck 자기 말만 앞세워 다른 사람의 행동과 인생에 함부로 충고하려 드는 유형이다. 상대의 말을 가로채 간섭하기를 좋아하고, 관심 없는 이야기라 생각되면 상대의 말을 듣는 둥 마는 둥 무시한다. 의견 차이가 생기면 타협점을 찾기 어려울 뿐만 아니라 커뮤니케이션에 서투르고, 사람들의 기분도 헤아리지 못한다. 다른 사람의 행동과 인생에 함부로 충고하려 들면서 사람들과 갈등을 일으키기도 한다.

ck 태생적 조건을 중요시하며, 숫자에 집착하는 이익 추구형이다. 나에게 조금이라도 이익이 될 수 있는 사람인지, 아닌지로 사람을 사귀며, 자기에게 도움이 될 수 있는 사람이 아니라고 생각되면 주저 없이 만남과 헤어짐을 반복한다. 주변에서 자신을 어떻게 보는지 늘 신경을 쓰면서도 자신으로 인해 사람들이 난처한 상황에 처해도 양심의 가책을 받지 않는다.

이렇게 나열하고 보니, 나 역시 겉으로는 젊은 세대에 공감하는 척, 형식에 얽매이지 않는 척 행동했지만 나도 내가 모르는 사이에 상대로부터 꼰대라는 소리를 들었을지 모른다는 뜨끔한 생각이 든다. 분명 나는 꼰대가 되지 말아야지 하면서도 누구든 조심하지 않으면 라떼(?)를 앞세워 꼰대질을 할 우려가 있다는 얘기다. 어떤 세대를 내세우든 서로 같은 시대를 살아가는 사람이다. 가까운 사람들과 대화할 때마다 나의 행동을 돌아보는 자기 점검과 스스로를 낮추는 자기 성찰이 필요할 것 같다.

자신의 연령에 깃든 예지를 갖추지 못한다면 연령에 깃들어 있는 재앙이 매사에 발생한다.

– 볼테르

기억하는 유년

예나 지금이나 크게 변함없이 단독주택들이 위화감 없이 옹기종기 모여 있는 서울의 효자동은 내가 초등학교 시절을 보낸 곳이다. 하지만 인근 동네보다 효자동이 더 유명해진 이유는 '청와대'와 '경복궁', 평범하고 소시민이었던 대통령 이발사의 눈을 통해 격동의 시대를 그려낸 '효자동 이발사'라는 영화 때문이다. 아직도 이곳은 빌딩 숲의 시내 한복판에 옛 추억을 오롯이 간직한 채 그 시절의 아련한 예스러움이 눅진하게 배어 있다.

지금의 효자동은 경복궁을 중심으로 서쪽에 자리 잡고 있는 옥인동, 체부동, 통의동, 통인동, 누상동, 누하동 등과 함께 '서촌'이라 불리고 있으며, 낡은 집들이 아기자기한 가게들로 변신하여 줄지어 있는 모습이 참 소박하고 정답다. 가게 이름도 아씨고전의상실, 영화루, 대오서점 카페, 명품 호떡집, 통인시장 엽전도시락 등 옛 추억이 새록새록 떠오르게 하는 서촌은 인왕산을 병풍 삼은 자연경관과 함께 조선시대 예술가들로부터 이어져 온 풍류를 느낄 수 있는 곳이다, 골목골목 길게 드리워진 마을의 그림자 사이로 옛 시간의 기억을 되짚으며 추억을 느낄 수 있는 공간이 있어 매력적인 곳이다. 그리움을 모르고 살아온 세대가 함께 옛 시간 속으로 걸어가며 우리의 과거 현재 그리고 미래를 바라볼 수 있는 그런 의미 있는 공간을 가지고 있다.

시간이 실려가는 전차에 몸을 싣고 기억 속 유년의 정거장을 찾아 나선다. 소실점을 이루는 추억의 거리엔 이발관과 고향식당 국밥집, 사진관, 약국, 다방, 만화방도 보이고 '적게 낳아 엄마건강, 한 부모에 한 아이'라는 재미있는 표어도 보이고, 가슴에 흰 선 두 줄이 박힌 검정색 교복에 허리를 혁대로 바싹 조여매고, 하얀 얼굴에 새하얀 교복 깃을 달고 바쁜 걸음을 옮기는 여학생의 모습도 보인다. 정겨운 골목길엔 새벽녘 딸랑 방울을 울리며 "두부가 왔어요, 두부 사세요"라고 외치는 두부장수 아저씨의 구수한 목소리도 들리고, 밤늦게 "찹싸알~떡, 메에밀~무욱" 하고 외치는 소년의 목소리도 들린다. 멀리 가로등불 아래 퇴근해 오실 아빠와 가족을 기다리는 엄마의 모습도 보이는 것 같다. 달려가 안기고 싶지만 기억 속의 엄마는 말이 없다.

한참을 그 자리에 서 있었다. 긴 시간 동안 잊고 지낸, 이제는 다 사라졌을 거라고 생각했던 유년의 추억들이 다른 세상의 기억으로 남아 여린 심장을 울컥하게 만든다. 누굴 기다리는 사람처럼 여우비가 내리는 골목길에 서서 나는 그냥 참았던 눈물을 찔끔거리다 그만큼의 거리를 두고 발길을 되돌린다. 차가운 빗방울을 맞은 그리움들이 하나 둘 운명처럼 한 점에 머무르며 그대로 하나가 된다. 부모와 함께라서 좋았던 그리운 맘들이 추억의 눈물이 되어 내 존재의 문을 두드리며, 어린 시절 내 곁을 스치고 지나갔던 꿈과 향기, 남겨진 기억의 아픔들이 단풍 길에 물들여져 떠오른다. 젖은 불빛들이 슬프도록 아름답다. 아련한 추억이 남겨진 가로등 길을 부모의 손을 잡고서 칭얼대며 걸어보고 싶다. 이렇게 비가 쏟아져 내리는 날은 유난히 더 그렇다.

넌, 정말 사랑이야

* 책을 읽어주다가 "엄마, 엄마, 엄마한테 갈래요"라는 문장이 나오자 따라 하며 안아달라고 얼굴+몸짓으로 표현하는 너, 안아줬더니 행복해 하면서 밥 먹는데도 안아달래서 안고서 밥 먹었다. 하나도 안 불편하고 너무 행복했어! 밤에 재울 때 옆으로 들어서 끌어안아 주었더니 "엄마가 안아주면 행복해여"라고 말한다. 뉘어서 착 안고 있으면 어찌나 좋은지. 그런데 요 녀석 그동안 언제 이렇게 많이 컸지, 예전 머리 사이즈가 아니네. ㅋㅋ 지금의 너를 오래오래 기억하고 싶다. 빨리 크는 게 너무 아쉬워 이대로 있어 주면 좋겠다. 넌, 정말 사랑이야 ~!!

* 엄마의 예쁜 사랑 재이, 아침에 일어날 때 천근만큼 몸이 아리다가도 널 안으면 내가 얼마나 행복해 하는지, 너는 모르

겠지. 우리 딸기 공주님 하루에 한 팩씩 먹는 딸기 이제 안 나오는데 뭐 먹을 거냐고 물어보니 "그럼 사과"라고 하는 너, "이제부터 사과 먹을 거야?" 했더니 "네에~~" 한다. 하나씩 새로운 걸 시도해 보려고 하는 너, 멋짐이야 ~!!

* 아침에 바쁜 와중에 겨우 마무리하고 출발하려는데 갑자기 자기 머리 만지더니 "아니자나~ 머이, 지이나처럼 해줘" 하며 우는 너, 갑자기 그러니 귀여워서 빵 터짐. 엄마가 지이나 머리 모양을 본 적이 없어서 재이한테 설명만 듣고 따라 한 건데 아니었나 보다. 분명 세 갈래로 나눠줬는데 양 옆 가운데를 가리키며 "여기양, 여기양, 여기 이어케" 해달라고 한다. ㅋㅋ 귀여운 내 딸, 너무너무 사랑해 ~!!

* 내가 나의 엄마를 부르는 것도 대화하는 것도 싫어하는 재이, 화장실에서 휴지를 뽑으며 혼자 말하길 "엄마가 할머니를 사랑하면 난 어떡하지?"라고 ㅠㅠ 글쎄, 나에게 나의 엄마한테 엄마라고 부르지 말고 할머니라고 부르란다. ㅋㅋ 질투 재이, 사랑해 ~!!

* 체해서 못 놀아주고 침대에 누워 있는데 재이가 옆에 와 놀면서 "look at my hopping!!"이라며 뛰고 ㅋㅋ "내가 엄마 대

신 아플게"라고 말하는 딸. 갑자기 "내일은 유치원 안 갈래 엄마가 좋아서 엄마랑 놀래" 무슨 일 있냐고 물으니 "음, 슬픈 일, 엄마가 아파서", 괜찮다고 했더니 "엄마 그럼 이제 행복해?" 어쩜 이렇게 속 깊고 사랑스러운지 너무 어른스러워 미안하기도 하다. 재이가 안 아프고 내가 아파서 다행이다. 고마워, 재이야 ~!!

* 나의 엄마가 서울 가시는 날, 신발장에서 재이 신발을 신기며 "엄마 가면 슬프다"는 얘기를 하는데 옆에서 듣고 있던 재이가 "괜찮아여, 엄마는 재이가 있짜나여" 말하는데 엄마, 감동!! 어제도 엄마 많이 사랑한다고 해줬던 거 같은데 "사랑하는 내 전부 재이야, 내가 나의 엄마를 사랑하는 만큼 나도 너를 하늘만큼 땅만큼 사랑해 ~!!

* 유치원 선생님 말씀이 재이가 요즘 장난이 아니라고 한다. 혼내지 않으면 더하고, 화내면 째려보거나 도망간단다. ㅠㅠ 기다려주고 몇 번 이야기해 주면 되는데 내가 너무 못 기다리고 재이한테 스트레스를 주었나 반성 중이다. 다음부터 선생님 말씀 잘 들으라고 교육 중, 유치원에서 먹던 마시는 요거트 사다 주니 입에 수염 만들면서 잘 먹는다. 옷 갈아입을 때 검은색 티, 바지 줬더니 "왜 다 검은 거 입어", "너무 점잖아, 머찐 거

입을래 ~" 하며 다른 옷 달라고 해서 한참 웃었네 ㅋㅋ 소중한 내 딸, 사랑해 ~!!

* 눈 찜질하다 아빠 말 안 듣고 싸우고, 엄마가 풀어주고 아빠한테 다시 바다 가자고 얘기해 보라 했더니, 아빠한테 "아빠~ 아, 나 거의 준비 다 해쪄여 ~" 하며 올라가는데 넘 귀엽! 갈치 솥 밥 한 입 먹더니 곧바로 엄지 치켜세우던 너, ㅋㅋ 째려보지 말고 똑바로 쳐다보라 했더니 말도 잘 듣고 꽃게 춤 선사하심, ㅋㅋ 덕분에 바다에서 신나게 놀았다. 늘 지금처럼 작은 거에 웃고 행복해 하는 재이가 되길 ~!!

* 너무 예쁜 내 사랑, 안 된다고 하면 "네, 안 하고 이쩌요" 하며 말도 잘 듣고, 저녁 먹고 동네 한 바퀴 돌다가 갑자기 엄마 다리에 뽀뽀해 주는 너, 어디서 이런 딸이 나왔는지 안쓰럽고 대견하고, 이제 얼마 있다가 이사 가야 된다고 하니까 "이 집도 같이 가져가면 안 돼?"냐고 묻는다. 오늘도 차를 타고 가면서 "서하 언니도 오늘 이사한대." 혼자만 이사해서 싫은 건지, 다들 재이처럼 이사 가길 바라는 듯해서 짠하다. 새로운 환경에 적응하기 힘들겠지만 또 잘해 낼 거라 믿어! 기도할게, 사랑해 ~!!

오늘 정말 신나게 놀았네, 그렇지? 재이는 내 무릎에 머리를 올려놓았고 양쪽 눈썹을 짧게 번갈아 올려보더니 금방 잠이 들었고 나지막이 코를 골았다. 앞으로도 잊지 않을 기억, 잊지 말아주어야 할 기억을 생각하며 재이는 더 깊숙이 잠이 들었다. 마음으로 토닥이는 그 순간조차 아름다움으로 스며들어가는 아이의 숨결을 들으며 난 깨달았다. 재이가 자기 인생을 아름답게 만들 줄 안다는 사실을, 그리고 솔직히 말하자면 그래서 내 인생까지 아름답게 만들어주었다는 것을… 하나님, 재이를 저에게 보내주셔서 감사합니다.

– 『지민 일기』 중에서

모든 상처는 다 아프다

내가 바닷물 속으로 들어간 다음 날부터 나는 수없이 많은 파도에 휩쓸리며 많은 상처를 입었다. 이러지도 저러지도 못하는 괴로운 나날을 보냈다. 세상에 사연 없는 사람이 어디 있겠냐마는 울고 있는 친구들 속에서 내 상처가 제일 커 보였다. 주변에서 힘내라는 말이 크게 위로가 되지 않았고, 슬픔을 극복하려고 계속 노력했지만 잘되지 않았다. 혼자서 바깥세상을 떠올리는 게 괴로우면서도 지상에서 보냈던 시간들을 잊어버릴까 봐 두려웠다. 그러다가 애써 잊으려 하지 않겠다고 마음먹었다. 충분히 슬퍼하고, 슬픔과 함께 살아가는 법을 배워나갔다. 그렇게 슬퍼하고 나니, 비로소 내 상처와 마주할 수 있었다.

지상으로 올라오고 나서야 곁에 있는 친구들의 슬픔이 눈에 들어왔다는 게 너무나 아이러니하게 생각되었지만 그 아픔 속에서 상처의 크고 작음은 없으며 모든 상처는 다 아프다는 사실을 알게 되었다. 그리고 내가 걸어온 길 역시 지금의 나를 있게 만들어준 나만의 길이었다는 사실도 알게 되었다.

그렇게 나는 몽돌이라는 애칭을 얻게 되었으며, 사람들은 나의 모습과 목소리를 듣고 싶어 몰려들었다. 하지만 나를 만나고 가는 사람들마다 나에 대한 평가는 엇갈렸다. 나는 내가 지니고 있는 삶의 절대적 가치를 타인의 평가에 흔들리지 않기로 했다. 만약 내가 계속해서 그들을 의식하며 살아가게 된다면 나는 언제나 나의 시선을 타인에게 맞추려 끊임없이 노력하게 될 것이고, 남의 인정을 구걸하는 상태로 살게 될 것이다. 그래서 나는 내가 지금까지 살아왔던 것처럼 내 인생은 내가 개척하며 살려고 한다. 내가 살아가는 이유가 남의 인정을 받고 칭찬받기 위해서 살아가는 게 아니라는 걸 몽돌이 되면서 깨달았기 때문이다.

다시 밀려오는 파도 소리에 눈을 떴다. 물이 참 맑았다. 세상은 놀라울 정도로 아무렇지 않았다. 멀리서 아이들의 발걸음 소리와 함께 해맑은 웃음소리가 들린다. 모든 순간이 평화롭다. 이 시간도 다시 돌아오지 않을 소중한 순간이다. 내가 어떤 모습을 하고 있든 나는 이제 타인을 위해서가 아니라 나를 위해 현재를 살고 싶다. 그리고 아무에게도 내 몫의 짐을 지우고 싶지 않다. 마지막까지 걸어가 봐야 알 수 있는 일이지만 그렇게 되기를 진심으로 깊이 원하고 있다.

Time for myself

데미안과 크로머의 세계

The world of demien and cromer

Time for myself

발레리나의 발

> 우리는 왜 성공한 발레리나의 흉측하게 일그러진 발 모양에 고개를 숙이는가. 우리가 이제껏 보아온 것은 그녀의 아름다운 자태와 세계적인 발레리나르서의 성공일 뿐, 그 모습과 함께 까치발로 중심을 잡아주며 하늘을 날고 있는 발 모양에 대해서는 궁금하게 생각해 본 적이 없었다. 오로지 움직이고 있는 발 모습과 천사 같은 몸놀림에 최고의 찬사를 보냈을 뿐이다.

힘들지 않은 세월은 삶이 아니라고 말하지만 흉측한 발 모양은 그녀의 모든 것을 말해 주는 것 같다. 아마도 그녀는 천 근 같은 발걸음을 내딛으며 참 많이도 울었을 것이다. 그리고 수없이 많은 고통의 시간을 참아내며 많은 눈물을 훔쳐냈을 것이다. 하지만 고통의 한가운데를 당당하게 견뎌낸 그녀에겐 살아 움직이는 것이 곧 상처이고 사는 것이 곧 눈부신 것이었다. 그녀의 흉측한 발에는 아무도 범접하지 못하는 눈부심이 깃들어 있다.

발끝에서 찾아낸 그녀의 행복은 성취와 좌절이라는 갈림길을 오가며 얻어낸 중심 잡힌 당당한 행복의 모습이다. 흉터를 자기 내면의 단련과 성장의 지렛대로 삼아 더욱 열심히 살아온 사람에게만 주어지는 훈장이라 생각한다. 난 그래서 그런 그녀가 부럽다. 무언가 내 욕구가 커지려 할 때마다 그 흉터를 가만히 들여다보기만 하면 자신을 다시 일으켜 세워줄 것만 같다. 이제는 발을 다쳐본 사람만이 한 발자국 움직임이 얼마나 다행스럽고 행복한 일인지를 안다. 지금 이 순간에 깨어 있다면 나는 오늘 얼마만큼 최선을 다하고 살아왔는지 되돌아보자. 행복도 내 몫이고 불행도 내 몫이다. 모든 것이 내 할 몫이다.

조제프 롤랑

조제프 롤랑,
단 하나의 문장으로 내 맘을 알아주는 고흐였지만
난 그가 있어 행복합니다.

모든 것이 다 예전 그대로의 평범한 삶이지만
내게 무엇이 중요한지를 알게 해준 당신이 있어 고맙습니다.
내가 알고 있는 사람이 당신이라서 다행이에요.
이 모든 것은 누구의 선물일까요.

고흐,
외로운 삶이었지만 묵묵히 내 곁을 지켜준 조제프 롤랑,
난 그가 있어 행복합니다.

내가 나중에 라고 말한 그곳에는 행복이 없었다는 걸
알게 해준 당신이 있어 고맙습니다.
내가 알고 있는 사람이 당신이라서 다행이에요.
이 모든 것은 누구의 선물일까요.

조제프, 우린 이미 그 존재함만으로도 버겁게
행복한 사람들이니까,
영원한 색채 속에 당신의 얼굴을 담아두고
바라보고 싶습니다. 그렇게 바라보다 손을 잡고 싶다면
잡아드릴게요.

당신은 외로운 삶에 대한 애정을 알고 계시니까요.

삶이 우울할 땐 르누아르

19세기 후반 미술사의 격변기를 살았던 르누아르, 그는 생전에 5,000여 점에 달하는 주옥같은 작품을 남겼으며, 이 중 2,000여 점이 인물화일 정도로 여성을 많이 그렸습니다. 그 스스로 신이 여성의 몸을 창조하지 않았다면 내가 화가가 되지 못했을 거라고 말할 정도로 그에게 여성은 곧 아름다움의 상징이자 찬미적인 신비감을 자아내게 하는 존재 그 자체였습니다.

그는 경제적으로 어려움에 시달리면서도 비극적인 주제를 그리지 않은 유일한 화가로서 삶의 어둠 대신 화려한 빛과 색채의 조합을 통해 기쁨과 환희의 순간을 표현해 낸 작품이 의외로 많았습니다. 말년에는 류머티즘성 관절염으로 휠체어에 의지해 그림을 그려야 했고, 손은 점점 심하게 뒤틀려 손가락에 붓을 묶어서 그림을 그렸습니다. 그마저도 여의치 않을 때는 붓을 입에 물고 그림을 그려야 했지만 그는 절망하지도 분노하지도 않았습니다.

"그림은 손으로 그리는 것이 아닙니다.
그림은 눈과 마음으로 그려야 합니다.
교만한 붓으로 그린 그림은
생명력이 없습니다."

오히려 르누아르는 자신만의 풍부한 색채로 찬란한 햇빛 속에 비친 아름다운 세상을 그렸고, 행복을 노래하는 작품들을 그렸으며 그렇게 고통 속에서 그린 세월의 작품들은 훗날 대작으로 평가받았습니다. 숱한 불면의 밤을 고통으로 지새우면서도 붓을 놓지 않으며 찬란한 행복을 그려 내려갔던 빛의 화가, 르누아르. 육체적 한계를 극복하며 행복을 노래했기에… 한 치 앞도 보이지 않는 어둠을 이겨내고 빛을 노래했기에… 지금도 그의 그림에는 절망과 좌절, 고통을 치유하는 놀라운 힘이 보이고 행복과 기쁨, 따뜻함이 묻어납니다.

론강의 별이 빛나는 밤에 - 고흐

나는 지금 아를의 강변에 앉아 있네
욱신거리는 오른쪽 귀에서 강물 소리가 들리네
별들은 알 수 없는 매혹으로 빛나고 있지만
저 맑음 속에 얼마나 많은 고통을 숨기고 있는 건지
두 남녀가 술에 취할 듯 비틀거리고 있다네
이 강변에 앉을 때마다
목 밑까지 출렁이는 별빛의 흐름을 느낀다네
나를 꿈꾸게 만든 것은 저 별빛이었을까
별이 빛나는 밤에 캔버스는 초라한 돛단배처럼
어딘가로 나를 태워 갈 것 같기도 하네
테오, 내가 계속 그림을 그릴 수 있을까
타라스 콩에 가려면 기차를 타야 하듯이

별들의 세계로 가기 위해서는
죽음의 관문을 통과해야 한다네
흔들리는 기차에서도 별은 빛나고 있었다네
흔들리듯 가라앉듯 자꾸만 강물 쪽으로
무언가 빨려 들어가고 있네
강변의 가로등, 고통스러운 것들은
저마다 빛을 뿜어내고 있다네
심장처럼 파닥거리는 별빛을 자네에게 보여주고 싶네
나는 노란색의 집으로 가서 숨죽여야 할 테지만
별빛은 계속 빛날 테지만
캔버스에서 별빛 터지는 소리가 들리네
테오, 나의 영혼이 물감처럼 하늘로 번져갈 수 있을까
트왈라잇 블루, 푸른 대지를 뚫고 별 하나가 또 나오고 있네

– 1888년 6월, 동생 테오에게 보낸 고흐의 편지

프시케와 에로스 - 프랑수아 파스칼 시몽 제라르 남작

나비 한 마리가 '날다'의 기호를 욕망한다.
불같은 정열, 사랑, 꿈, 좌절

안타까운 영혼의 날갯짓은 계속되고 있지만 프시케는
그저 가슴에 남은 희미한 의식을 붙잡고 깊은 잠에 빠져 있다.
맨살에 장미 향기가 날 것 같은 열망들이
신의 계시를 모색하며
에로스는 입맞춤으로 사랑의 기도를 전한다.

프시케,
나는 당신의 작은 숨결조차 기억 속으로 떠나보낼 수 없어
여지껏 당신의 잠 속에 있었어요.

다시는 되돌아가고 싶지 않은 꿈을 위해
내가 나를 스스로 가둬 나는 당신 안에
당신은 내 안에 있었답니다.
그러니 이제 그만 잠에서 깨어나세요.

이윽고 프시케의 눈에 그리운 이의 모습이 허공에 어린다.
에로스, 나도 당신을 가슴 떨며 기다리고 있었어요.
죽음과도 같은 깊은 잠 속에서도 기다릴 수 있는
당신이 있어 난 너무 행복했어요.
당신의 사랑이 운명 속에 잉태하고 내 안에 채울 수 없는
욕망으로 자라 당신을 자존의 의지로 기다릴 수 있었으며,
오래된 어둠이 빛 하나에 벗겨지듯 온전히 있는
그대로를 받아들이는 것 역시 아무것도
아니었기에 나는 당신의 사랑 그 자체였답니다.

수련 연작 - 클로드 모네

나는 흐리고 탁한 연못 속에서 피어나지만 진흙에 물들지 않는다. 오전에는 활짝 핀 모습을 보여주었다가 오후에는 그 꽃을 접고 잠을 잔다. 어느 여름 날 아침이었다. 연못에 반사되어 비친 하늘과 구름이 너무 예뻐서 어쩔 줄 몰라 하고 있을 때, 당신은 나의 모습이 마치 물의 여신을 닮은 것처럼 예뻐 보인다며 나를 '님프 Nymph'라 불러주었다.

그 이후로 당신은 나의 화려한 청순함에 이끌려 매일같이 나를 찾아왔다. 어느 날은 눈을 뜨자마자 달려오기도 하고 내가 잠들기 전 모습과 잠든 후의 모습이 너무나 예쁘다며 하루 내 잔디밭에 앉아 나를 포근하게 감싸주며, 내가 행복해 하는 모습을 화폭에 담아내기 시작했다. 그리고 물이 저 밑바닥 내면으로부터 물풀을 흔들며 말을 걸어올 때, 나의 슬픔은 이 세상 가득한 슬픔의 한 방울이 되어주었고, 나의 기쁨은 이 세상 가득한 기쁨의 한 방울이 되어주었다.

그리고 당신은 이렇게 말했다. "나는 님프를 이해하기까지 많은 시간을 보냈다. 나는 때때로 비밀스럽고 신비한 사적인 세계를 창조하기 위하여 나뭇잎들이 드리운 커튼을 향해 그림을 그리곤 했다. 수면 위에 반사되는 님프의 모습은 나에게 예술적으로 방대한 시야를 갖게 하고 내가 님프를 사랑하게 되는 계기가 되었다."

그렇게 나는 30년 가까이 당신의 사랑을 받으며 행복의 꽃을 피워냈지만 당신은 절망과 공포, 슬픔과 기쁨의 시간을 애써 가슴에 묻어두고 마지막까지 붓을 놓지 않았다. 그때는 당신이 왜 그렇게 했어야만 했는지 잘 몰랐다. 그런데 이제는 당신의 마음을 알 거 같다. 꽃이 하루아침에 피지 않는다는 것도, 가슴에 한 점 슬픔이 없고 기쁨이 없지 않을 거라는 것도 잘 알고 있기 때문이다.

오늘도 당신은 가고 없지만 고요한 새벽이면 선한 눈빛을 타고 와 연민의 눈으로 하늘을 우러르게 하며, 물기 어린 눈빛 속에 삶의 흔적들이 당신의 정원 속에 살아남아 또 한 날의 시작을 알리고 있다. 이만큼만 아름답다면 슬픈 사랑도 아름답게 만들어주는 당신의 영혼과 대화를 나누고 싶은 날이다.

아르놀피니의 결혼 - 얀 반 에이크

한 남자가 한 여자를 자신의 아내로 맞아들이며, 그녀의 오른손 위에 자신의 왼손을 얹고 있는 엄숙한 순간이 보인다. 자신들의 행동이 무얼 의미하는지를 잘 알고 있는 듯, 두 사람은 떨리는 마음으로 서로를 의식하며 오로지 상대의 진실한 마음만을 응시하고 있는 것 같다. 앞으로는 내 방식대로 내가 보고 싶은 것을 자제하고, 도저히 좁혀질 수 없는 간극마저 수용할 것을 언약한다.

이윽고 서로에게 당신 마음이 변할 이유를 주고 싶지 않다는 표정으로 평생의 동반자라는 선물을 받아들인다. 결혼이란 뭘까, 부부란 뭘까, 서로 사랑하게 된 계기가 그저 나만의 진실이었다 해도 서로에게 큰 울림이 되어 줄 수 있을까, 결혼이란 상대에 대한 완벽의 추상보다 상대의 삶으로 자신의 삶을 중독시키는 것에 대한 수용일까, 그림 속의 강아지 알파벳 dog가 뒤집혀서 god이 된다는 의미는 뭘까, 평생의 동반자라는 선물을 받아들이고, 그렇게 자신도 상대에게 주는 것일까?

런던 내셔널 갤러리에서 꼭 감상해야 할 10개의 미술 작품 중 하나에 속하는 '아르놀피니의 결혼'은 15세기 플랑드르의 대표적인 화가 '얀 반 에이크'가 그린 작품이다. 부부의 서약식 같은 이 초상화는 놀라울 정도로 사실적이고 정밀한 세부 표현과 화려한 색채, 수학적 원근법이 아닌 경험에 의한 공간적 깊이감의 표현이 뛰어나 화가의 천재성이 돋보이는 작품으로 평가받고 있다.

혼인서약을 통한 신실함, 한결같은 마음, 서로의 안식처, 존중과 배려, 점점 생각이 많아지지만 그를 만날 때면 좋은 그림을 만날 때와 같이 약간의 설렘이 있고, 잘 조화된 한 폭의 그림에 비길 만한 사람이 나에게 와주었으면 좋겠다.

나비의 꿈

나는 이제 막 세 단계의 변신을 통해 노란 바탕에 검은색 줄무늬 날개를 달았다. 하지만 내가 화려함의 날개를 달고 '노랑나비'로 태어나 세상에 존재하는 시간은 불과 한 달이다. 나는 영원히 사는 것보다는 한 달밖에 주어지지 않는 삶을 충실히 살아내는 것, 불멸을 추구하는 과정 그 자체가 더 가치 있다는 것을 안다. 좋은 삶과 좋은 죽음은 결코 다른 말이 아니다. 죽음은 인간이 피할 수 없는 존재론적 한계로 인간은 죽음이라는 한계를 극복하고 싶어 하지만, 나는 자기 주도적인 삶을 살아내고 있다. 자기 주도적인 삶이란 말처럼 쉬운 일이 아니다.

오늘도 바쁜 마음으로 서로 같은 듯 다른 꽃들을 찾아 하루 종일 헤매다가 있는 그대로 솔직함을 보여주는 루드베키아에게 나의 사랑을 고백했다. '영원한 행복'이라는 꽃말을 가진 루드베키아와 난 서로 같은 색을 띠고 있어 언제나 한 몸처럼 보인다. 보면 볼수록 별처럼 더 반짝이고 자주 볼수록 늘 새롭다. 사랑이란 누군가에게 의미를 담기 전에는 하나의 단어일 뿐이다. 그리고 누구나 작은 진실을 말하고 있다면 작은 속삭임도 들을 수 있다. 그게 내가 원하고 필요로 하는 것이라면 난 내가 사랑하는 그대의 몸에 닿는 게 중요하다고 생각하며, 그대의 살핌이 나를 만질 때 나는 살아가는 향기를 맡게 된다. 혼자 있을 땐 멀리서부터 전해지는 당신의 몸 냄새만 맡고 있어도 하루 종일 행복해지는 기분이다. 그래서 언제나 한 자리에 멈춰 서 있는 그대로의 당신이 좋아서 난 그저 아름다운 모습으로 아름답게 살아가고 싶은 것인지 모른다.

누구에게나 나처럼 유충인 시절이 있고, 숨겨진 날개가 있다. 그 날개의 색은 사람들의 꿈처럼 다양하지만 많은 사람들은 자기 목표를 정립하고 관철하는 것을 망각한 채 사는 대로 생각하며 지낸다. 그런 삶도 나쁘지 않다는 생각이 든다. 참개구리 목청 돋워 달빛 굴리고 그대의 부드러움이 나를 감싸주니 칠월의 하늘은 그 어떤 것보다 아름다운 꿈일 수 있다. 정해진 삶의 고단함을 포기 망각하고 안주하며 사는 삶의 유혹은 꿀을 빠는 것처럼 달콤하다. 비록 여름밤의 낭만이라 할지라도 가슴속의 춥고 허전한 밤도 모두 다 나의 한쪽이 되어 주었다.

이제 다시 나를 찾을 시간이 필요하다. 인간은 신을 상상하고 나서야 비로소 죽음을 납득하지만 나는 자체 완결적인 삶이 가지는 아름다움으로 해결된다. 그대와 나 사이에 가없는 허공을 두었다 한들 나는 아득한 굉음의 꿈속에서 어느 날 불현듯 깨어나 그대에게 이 말을 전하고 싶다. "그래, 루드베키아, 살아가는 오늘, 살 수 있는 오늘, 이제 너도 나처럼 나비가 되어 날고 싶은 거지, 날고 싶으면 날아보렴, 그리고 나에게 오렴." 서로 사랑하니까, 서로 사랑해야 하니까.

이카로스의 날개

그리스 신화의 이야기는 참으로 흥미진진하다. 신화 속의 이야기들이 멀게만 느껴지고, 일어나지 않았을 것 같은 이야기이고, 정말 신들이 만들어낸 이야기 같은데, 이 또한 사람들이 쓴 이야기이다. 그 중심에는 가족이 있고, 희로애락이 있고, 사랑이 있고, 어머니와 자식 간의 사랑, 질투와 욕망이 뒤섞여 있다. 자신들의 경험과 생각, 감정을 바탕으로 쓰인 신화의 이야기들은 삶에 대한 사색은 영원히 지속되어야 하고, 그 깨달음 역시 어제와 오늘이 다르지 않다는 것을 말해 준다.

그중 신화 속에 등장하는 '에리직톤'이나 '이카로스'에 관한 이야기는 인간의 끝없는 소유 욕구와 행복에 대해 시사하는 바가 크다. 끝없는 소유욕에 만족을 모르고 계속 사 모으고 쌓아놓는 모습에 마치 아무리 먹어도 허기가 채워지지 않는 에리직톤의 마지막 모습과, 욕망을 향해 끝없이 비상하다가 추락하고 마는 이카로스의 날개는 지금도 무한한 욕망의 유혹에서 헤어나지 못하고 추락하는 사람들의 다른 이름으로 불린다.

에리직톤

'에리직톤'은 신을 모욕하다가 아무리 먹어도 허기로부터 헤어나지 못하는 형벌을 받게 된다. 그를 저주하던 여신 '데메테르'는 자고 있는 그의 입속으로 입김을 불어넣어 혈관 구석구석에 배고픔을 심어놓는다. 먹을수록 배가 고파지는 저주를 받은 그는 먹으면 먹을수록 극심한 허기를 느낀다. 온갖 것 다 먹어치우고 자신의 집을 팔아서 배를 채우지만 배고픔은 더욱더 심해진다. 결국 자기 외동딸마저 노예로 팔아서 음식을 먹어도 배고픔에서 벗어나지 못하자 끝내 그는 자기 몸뚱이를 뜯어먹게 되는 비극의 주인공이 되고 만다.

이카로스

'이카로스'의 아버지 다이달로스는 미노스왕 때문에 크레타섬에서 떠날 수 없었다. 다이달로스는 크레타를 탈출하기로 결심하고, 새의 날개에서 깃털을 모아 실로 엮고 밀랍을 발라 날개를 만들었다. 다이달로스는 아들 이카로스에게도 날개를 달아주며 비행 연습을 시키고 함께 탈출할 계획을 세웠다. 그는 아들에게 "너무 높이 날면 태양의 열에 의해 밀랍이 녹으니 너무 높이 날지 말고 너무 낮게 날면 바다의 물기에 의해 날개가 무거워지니 항상 하늘과 바다의 중간으로만 날아라"라고 단단히 주의를 주었다. 탈출하는 날, 날개를 단 다이달로스와 이카로스는 하늘로 날아올랐는데, 이카로스는 자유롭게 날게 되자 아버지의 당부를 어기고 너무 높게 날고 말았다. 그러자 태양의 뜨거운 열에 의해 깃털을 붙였던 밀랍이 녹게 되었고, 이카로스는 날개를 잃고 바다에 떨어져 죽고 말았다.

사람들은 몸과 욕망에 갇혀 한평생을 살아가며, 어쩌다 종교를 찾거나 철학을 통해 존재의 불안을 극복하기도 하지만 대부분의 사람들은 소유를 통해 자신의 존재를 확인하곤 한다. 그러면서 "욕망의 자본주의 시대에 소유가 없다면 어떻게 행복할 수 있느냐?"고 묻는다. 하지만 얼마까지 모아야만 행복해질 수 있고, 당신이 행복했던 적은 언제였느냐고 물으면 멍하게 대답을 잘 못한다. 행복하려면 욕구를 먼저 줄이고 소유를 늘리면 된다. 하지만 사람들의 마음속에는 많으면 많을수록 좋다는 소유에 대한 탐욕만이 무한한 연료처럼 타오른다.

하지만 끝없이 욕망의 전동차가 달리게 하는 것은 행복의 길이 아니라 죽음의 길이다. 신화 속의 '에리직톤'의 아귀병이나 '이카로스'의 날개처럼 자기 살을 뜯어 먹고 더 이상 먹을 게 없어 죽거나 깃털이 녹아 떨어져 죽어서야 끝이 난다면 너무 슬프다. 끝없는 소유욕과 무한한 욕망은 우리들의 아픈 함정이다. 의식주와 같은 필요가 채워지면 '이만하면 됐다'는 의식의 전환과 멈춤이 있어야 한다.

데미안과 크로머의 세계

문학이라는 말이 어쩌면 사치스럽게 들릴지 모른다. 하지만 어느 순간 한 문학작품을 접하고 느낀 감성의 온도는 평생을 두고 식지 않게 된다. 특히 감수성이 예민한 시절에 읽었던 아름다운 주제의 문학작품은 평생을 두고 나의 가슴을 설레게 만들었다. 내가 청소년기에 읽었던 헤르만 헤세의 『데미안』이 그랬다. 깊이 있게 이 책을 이해했다고 생각되진 않았지만 그때 느꼈던 감정, 던졌던 질문들은 지금도 나와 함께 살고 있다. 크로머의 세계와 데미안의 세계 사이에서 갈등하는 싱클레어처럼, 나 역시도 어른과 소녀 시대 사이에서, 정상과 비정상의 경계에서 갈등하면서 성장해 나갔다.

그의 작품은 주옥같은 시를 포함하여 훌륭한 작품이 많지만,

그중에서도 제1차 세계대전 중에 쓰인『데미안』은 그 시대 인간의 야만적 운명을 그린 작품이다. 현재의 시대에도 깊게 생각하고 넘어가야 할 중요한 메시지를 담고 있다. 데미안은 1인칭 화자 싱클레어의 내면적 관점에서 서술되며, 데미안이 싱클레어에게 중요한 의미가 있다는 것을 보여준다. 싱클레어의 어린 시절을 다루고 밝고 어두운 세계, 사랑에 눈뜨는 성장기의 한 어린 영혼을 그리는 지극히 온화한 공기가 감도는 소설이지만 알고 보면 위기 시대를 다룬 첫 작품이었다.

싱클레어는 악의 세계와 신의 세계의 갈림길에 있다. 그런 싱클레어의 내면에 선과 악의 상반된 조화의 완성 및 대립 세계의 문제 해결을 위해 던져지는 가장 어려운 문제는 현실 세계로부터 갖게 되는 자아의식이다. 데미안은 싱클레어에게 두 상반된 세계, 즉 신적인 선의 세계와 악마적 악의 세계를 다 같이 동등하게 인정하며 일치시킨다. 이때 어느 한편의 세계에 자의적이고 일방적으로 우위가 주어지지 않고 이들 두 상반된 세계가 동등으로 여겨진다. 데미안은 이 이상적인 임무를 싱클레어에게 가르친다. 마침내 데미안은 그의 어머니인 에바 부인을 싱클레어와 대면시킨다. 에바 부인은 싱클레어가 내면으로 추구하는 자아의 두 대립 세계를 조화시켜 완성으로 통하는 사랑의 길로 그를 인도하게 된다.

"사랑은 두 면이다. 사랑은 천사이자 그림이고, 또 악마이다. 남자와 여자를 한 몸에 담고 있으며, 사람이면서 짐승이고, 가장 최상의 것인 선이고 가장 최하의 것인 악이다. 이것을 체험하는 것은 악이다. 이것을 체험하는 것은 나의 임무이고, 이것을 맛보는 것이 또한 나의 운명이다"라는 소리가 싱클레어의 내면을 향해 외쳐진다. 작품의 끝부분에서 데미안은 상징적으로 에바 부인의 키스를 싱클레어에게 전해 주고 난 후 죽게 된다.

헤르만 헤세가 안내하고 있는 길은 끊임없이 반문하는 선과 악의 가치와 인간됨이다. 인간됨, 선과 악에 대한 반문, 감성에로의 여행, 꼭 한 번 데미안 속에 나오는 주옥같은 문학적 체험을 느껴야 함을 강조하고 싶다. 그런 이유로 데미안은 선과 악의 판단, 혹은 인간됨에 대한 질문을 스스로 하게 될 경우 나에게 늘 좋은 판단의 근거를 제시하여 주는 나의 소중한 벗이다.

흰 라일락과 장미꽃 - 에두아르 마네

장미와 라일락 꽃송이들이 팔을 벌려 나를 반긴다
나는 그들의 품에 안겨 한참 동안을 서성여본다
달콤하면서도 싸한 냄새가 후루룩 날린다
슬픈 여인의 꽃순 같은 냄새를 맡으며 나는
그림 속의 꽃들에게 되물었다

그대 첫사랑의 꽃이라 하는가요, 잘 모르겠어요
그래도 첫사랑이 무엇인지 모르는 꽃보다는 낫습니다
그대 외로움의 꽃이라 하는가요, 잘 모르겠어요
그래도 외로움이 무엇인지 모르는 꽃보다는 낫습니다
그대 순결함의 꽃이라 하는가요, 잘 모르겠어요
그래도 순결함이 무엇인지 모르는 꽃보다는 낫습니다

아무것도 닿지 않는 아픔에 눈물을 흘릴 때도 있지만
눈물 나는 게 고마울 때도 있는 것처럼 잘 모르겠다는
답변에서 꽃들의 진심과 감동이 느껴진다

말년의 마네는 이 그림을 그리면서 무슨 생각을 했을까. 젊은 날의 감미로운 추억을 회상하며 '부채와 함께 있는 여인'의 작품 속 여인을 떠올렸을까, 아니면 '피리 부는 소년' 속에 감춰진 '빅토린 모렝'을 회상하며, 삶에 대한 가냘픈 희망을 갈구했을까. 절망적인 상황에서도 라일락은 꿈을 꾸게 하고, 또다시 삶의 덧없음을 일깨운다. 훅 들여 마시는 호흡에 먼 기억을 불러오는 향기, 스치는 향기에서 아련한 슬픔 같은 게 어른거린다.

어쩌면 '마네'는 첫사랑의 욕망을 아프게 되살리고, 순수의 시대로 되돌아갈 수 있기를 희망하면서 라일락을 그려냈을지 모른다. 그리고 자신의 그림을 통해 내면의 세계를 추구하며 분명 그 외로운 존재감에 감동했을 것이다. 어느새 4월이다. 추억과 욕망을 뒤섞어놓은 것 같은 계절이 다가오면 유독 마음이 설렌다.

박사가 사랑한 수식

> 나는 다시 한 번 박사의 메모를 쳐다보았다. 한없이 순환하는 수와, 절대로 정체를 드러내지 않는 수가 간결한 궤적을 그리며 한 점에 착지한다. 어디에도 원은 없는데 하늘에서 π가 e 곁으로 내려와 수줍음 많은 i와 악수를 한다. 그들은 서로 몸을 마주 기대고 숨죽이고 있는데, 한 인간이 1을 더하는 순간 세계가 전환된다. 모든 것이 0으로 귀합된다.
>
> – 오가와 요코의 『박사가 사랑한 수식』 중에서

오일러의 공식은 찬란한 색채가 빛의 고통으로 만들어진다는 괴테의 말처럼 어둠 속에서 대지를 향한 고백을 끝내려고 구름 사이로 빠져나오는 한 줄기 빛과 같았다. 한 인간이 1을 더하는 순간 수많은 별들이 어둠 속에 잉태되고 빛으로 태어나 모든 것이 0으로 규합되는 수식의 아름다움에 말로 전할 수 없는 기묘한 감동을 느낀다.

크로노스의 시간 속에서

자신의 숨소리에 놀라
몸을 동그랗게 움츠리는 시간 속에
기쁨과 행복, 고통과 경이의 시간들이 보인다
마음속 세계 하나를 더 만들어야 했던 견딤의 시간 속에
가슴으로 풀어냈던 고뇌의 시간들이 보인다

사라진 크로노스의 시간들을 회상하며
공연히 마음은 청춘이라고 허튼짓을 해보지만
시간은 마음속 깊은 곳에 숨겨져
몸 이곳저곳에 지나간 흔적만 남기고 사라진다

오늘도 흘러가는 물처럼 빠져나간 시간은

차갑고 단단한 사람들의 발걸음 보조에 맞춘 것처럼
앞장서 가지도 않고 저만큼 뒤처져서
게으름도 없이 과거와 현재, 미래의 시간을 오간다

마치 하늘이 없는 공간, 측량할 길 없는 시간과 싸우면서
사라진 시간들을 잊지 않기 위해
영원히 바위를 밀어 올려야만 했던 시지프스처럼
시작과 끝의 시간을 반복하여 밀어 올린다

도플갱어

욕망하는 자, 인간
생각대로 살 것이냐,
사는 대로 생각할 것이냐
왜 나는 이렇게 답을 구하고 있는가

나도 나의 인생을 살 권리가 있어
그래서 뭐, 어쩌라고
항상 난 정해 준 속박에 갇혀
꼭 그렇게 살아야만 되는 거야
너까지 그렇게 말하면 안 되는 거잖아

세상에 속하지 않는 공간에서

불을 끄고 앉아, 은밀한 두려움으로
침묵 속에 잠긴 대화 속에서
문득 소름 돋게 나를 똑 닮은
도플갱어와 마주쳤다

그대로 시간은 멈추었다
내가 마주친 도플갱어는
누가 원본이고, 누가 복사본일까

야만으로 뒤덮인 생각들이
갑자기 빈 공간을 메운다

나만의 유토피아

세상은 나에게 무엇을 기대하고 있을까. 자기혐오와 자기 사랑의 균형, 자신과 타인에 의한 정체성의 균형, 순간의 행복과 영원한 행복, 실체 없는 완벽함에 대한 논쟁이 낯설지 않다. 난 더 이상 행복하지 않다며 불평하기 시작했고, 지속적인 행복을 위한 이상을 꿈꾸었다. 나는 조금 버겁더라도 유토피아의 길을 찾아 나서기로 했다. 꿈이라곤 망상이 전부였던 나에게 유토피아는 허상이 아닐 것이라는 믿음이 가져다줄 수 있는 최선의 선택이었다.

산을 넘고 물을 건너 마지막으로 건너야 할 다리를 만났다. 밤이 어두운데 내가 건너갈 다리는 여전히 불이 안 들어와 있다. 분명히 다리 쪽을 향해 걸었는데 다리가 보이지 않았다. 안

보이는 다리는 처음이다. 다시 발로 더듬더듬 시작점을 찾아 다리를 발견해 냈다. 다리를 건너자 수많은 별들이 금방이라도 쏟아질 듯 반짝이는 사막 한가운데, 지금까지 지나온 모든 유토피아가 한 자리에 모여 있었다. 공간의 광막함과 시간의 영겁에서 찰나의 순간을 공유할 수 있었음은 나에게는 하나의 기쁨이었다.

기쁜 마음으로 들어가려는데 문지기가 막아선다. "너는 누구인가, 무엇을 하는 자인가, 무엇을 가져왔는가." 성의껏 대답을 했건만 돌아오는 건 문지기의 똑같은 물음이다. 하염없이 되풀이되는 문지기의 동문서답, 유토피아를 눈앞에 두고도 들어가지 못한다. 나의 탐욕과 이기주의는 이상적인 아름다움을 넘어서지 못했다. 유토피아는 들어가는 곳이 아니라 만들어가는 곳이었다.

하 · 그 · 비

절제된 웃음이지만 성마른 사람으로 변해 가는 것보다는 낫다. 서글픈 마음이지만 실없이 웃고 있는 나의 얼굴을 보고, 행복해 한다면 그건 나를 보는 사람이 행복하기 때문이 아닐까. 그래서 누군가의 가슴속에 들어가기 위해 숨겨두어야만 했던 감정들,

하 · 지만 사람들 모두가 나를 좋아하는, 그런 일은 결코 없다는 진실,
그 · 리고 미움받는 걸 받아들일 수 있는 사람이 많지 않다는 사실,
비 · 극적인 슬픔이 지극히 사소한 기쁨에 의하여 위로된다는 사실,

그럼에도 사람이 있을 곳이란 누군가의 가슴속밖에 없다면, 모두의 가슴속에 서로가 살아 있다는 표시다. 감정의 밀착과 거리 사이에 보이고 받아들여지는 마음들, 내가 너인 듯, 네가 나인 듯 보이지만 이상하기만 한 존재는 없다. 그런데 내 가슴속에는 누가 들어와 있는 것일까, 나는 누구의 가슴속에 들어가 있는 걸까. 살찐다고 자꾸 내 밥그릇의 밥을 덜어내면서도 관계의 욕심을 덜어내지 못하는 나는 사람들이 생각하는 내가 아니었다.

철학자가 되어본다는 것

나는 사람들의 눈물을 짜낼 영혼을 얻지 못해, 영원히 달 못하는 장난감 인형이 되었고, 어느 빈곤한 가정집 소녀에게 전달되어 아낌없는 사랑을 받았지만 세월이 흘러 그녀와 헤어지게 되었다. 마음만은 언제나 자신을 소중하게 안아주었던 그녀의 곁에 영원히 머물며, 사랑과 행복의 충만함을 아낌없이 건네줄 수 있는 영혼으로 남아 그녀를 지켜주고 싶었지만, 그렇게 해줄 만한 능력을 갖지 못한 나는 그럴 수가 없었다. 어느 날 나는 지금의 나를 버리고, 어릴 적 인형으로 되돌아가 순백의 마음으로 가득 찬 참회의 기도를 올렸다. 그 순간 나는 절대자로부터 사람으로 되돌아갈 수는 없지만, 무엇이든 다 이루어줄 수 있는 능력을 가진 영혼을 부여받아 다시 그녀 곁으로 돌아갈 수 있게 되었다.

이런 논리적 추론이 가능하다면 사람들은 나의 행복을 영원히 지켜줄 어릴 적 인형만을 선택하겠지만, 그렇다고 형편없이 낡아버린 인형을 낡았다고 버릴 수도 없다. 버릴 수 없다고 생각하면서도 다들 어릴 적 인형이 필요하다고 생각한다면, 다들 어릴 적 인형만 찾아 헤매게 될 것이고, 만약 어릴 적 인형을 두 개 찾아냈는데, 둘 중 하나만을 선택해야만 한다면 어떤 인형을 선택해야 하는 걸까? 지금도 성찰하고 있지만 아래 문장이 철학적 사유의 힘이 되어 절반의 답은 얻어낸 것 같다.

> "수도꼭지에서 물이 두 방울 떨어졌다면, 이 두 물방울들은 질적으로 동일하지만 수적으로 동일하지 않다. 두 개의 대상이 수적으로 질적으로 동일하지 않다면 각각은 스스로를 독특하다고 여길 수 있다. 한 사람은 다른 사람과 수적으로 질적으로 구별된다. 하지만 그렇다고 해서 그 사람이 다른 사람과 구별되는 독특함을 지녔다고 말할 수는 없다. '토이 스토리'를 보면서 영화 속 장난감들은 자신이 장난감이라는 것을 어떻게 알게 되었을까? 궁금해 한 적이 있다. 자신이 장난감이라는 것을 알고 있는 우디는 자신과 질적으로 동일한 인형들이 여럿 있다는 것도 알았을 것이다. 그러면서도 우리는 자신이 대체물이라고 생각하지 않았다. 그 점이 우디의 놀라운 점이 아닐까?"

입맞춤 - 구스타프 클림트

밝고 화려한 색채와 선으로 환상적인 연인의 입맞춤을 화폭에 담고 있는 구스타프 클림트의 '입맞춤' 절벽 위의 화려한 꽃밭에서 황금빛 옷과 장식에 둘러싸여 서로를 껴안고 입맞춤을 하는 모습이 강렬하게 다가선다.

남자는 벼랑 끝에 무릎을 꿇고 앉아 있는 연인의 뺨에 입맞춤을 하고, 살포시 눈을 감은 여자는 연인의 달콤한 입맞춤에 취해 있는 듯하다. 마치 서로에 대한 아련한 사랑은 절벽 위에 피어난 꽃들처럼 화려하지만 사랑에 더한 황홀경은 죽음에 이를 만큼 황홀하다는 것을 보여주고 있는 것 같다. 그림 속 여자는 무슨 생각을 하고 있을까. 사랑하는 사람의 품에 안긴 여자는 꿈을 꾸는 듯 하나가 되어 화려한 꿈속에 빠져 있다.

남자는 여인의 가녀린 어깨를 느끼며 가슴에 숨겨진 신비로움을 느낀다. 감춰져 있고 드러낼 수 없는 것이기에 미묘한 촉감과 상상만으로도 서로의 사랑이 전해진다. 수많은 연상 작용이 감정을 흔든다. 작은 입맞춤을 통해 당신의 진정한 사랑을 확인할 수 있다면 세상을 놓아버릴 수도 있다고 생각하는 걸까. 알아채지 못한 슬픔과 기쁨이 곳곳에 달빛 비단처럼 숨어 감정과 육체를 감싸 안고 있다.

사랑하는 이를 기다리며 - 인도의 세밀화

한 여인이 우거진 숲속의 연두색 나뭇잎 더미 위에 앉아 오른손을 살짝 머리에 대고 아래 방향을 쳐다보면서 부처님처럼 앉아 있다. 그 양옆과 뒤편 숲속에서는 사슴으로 보이는 동물들이 짝을 지어 그녀를 지켜보며 앉아 있다.

시간의 축 위에 하나의 선이 있고 그 너머에는 사랑의 고통이 더 이상 존재하지 않는다고 상상하며 여인은 깨달음의 마음으로 사랑하는 이를 기다리며 기도를 올린다. 태초에 신은 인간에게 아픔 없는 사랑을 부여하지 않았다. 때로는 사랑의 고통이 상상력으로 증폭되어 서로를 지치게 만들기도 하지만 수천 번 메아리치면서 깊어진 사랑과 함께 그를 대신해 느끼는 고통만큼 무겁지는 않다. 그대가 나를 잊었다 해도 고독의 아픔을 지켜내며 사랑하는 사람을 기다리는 애틋한 시간, 세월이 흘러도 설렘의 기다림이 여전한 건 그대를 향한 내 마음이 너무나 크기 때문이다.

세밀화miniature란 인도·페르시아 문화권에서 이루어진 독특한 회화 표현으로 작은 화면에 섬세하고 정교하게 그려진 양식의 그림을 말하는데, 초기 세밀화는 주로 손으로 썼던 경전의 삽화로 야자 나뭇잎 위에 그려지다가 차츰 종이에 그려지게 되었다. 그림의 한쪽에는 경전 내용을 쓰고 다른 한쪽에는 주인공들을 그렸다. 구도가 간단하고 배경에는 붉은색이 주로 사용되었다. 주제에 따라 다르기는 하지만 한 점의 세밀화를 그리기 위해 때로는 6개월 이상이 걸리기도 하여 엄청난 집중과 대단한 인내심을 필요로 했다고 한다.

어린 왕자와 장미꽃

"하나뿐인 그 꽃이 내게는 너희들 모두보다 소중해.
내가 직접 물을 준 꽃이니까.
내가 직접 바람막이로 막아 보호해 준 꽃이니까.
불평을 해도, 자랑을 늘어놓아도…
그건 바로 내 장미꽃이니까."

『어린 왕자』에 나오는 장미꽃이 특별한 이유는 무엇일까. 장미꽃의 아름다움에 대한 치명적인 매력, 그 자체만으로 순순히 받아들일 수 없는 아름다움, 정복되지 않는 아름다움 때문이었을까. 그것은 아마도 어린 왕자가 그 장미꽃에 쏟아부은 애정 때문일 것이다. 수많은 장미 중 단 한 송이의 장미꽃만이 어린 왕자에게는 단 하나의 소중한 존재가 되는 것이다. 원래 『어린 왕자』는 아이들을 위해 만들어진 이야기가 아니다. 저자 '생텍쥐페리'의 친한 친구인 '레옹베르트'의 어렵고 힘든 생활을 위로해 주기 위해 '생텍쥐페리'가 만든 이야기라고 한다. 『어린 왕자』는 단순한 동화가 아니다. 이야기 속에서 어린 왕자는 7개의 행성을 여행하면서 다양한 사람들을 만나게 되는데, 각각의 사람들은 권위의식, 허무주의, 위선, 물질만능, 무의미한 삶, 행동보다 말이 앞서는 어른들의 모습들을 빗대어 보여준다. 상상력과 감성이 메말라버린 어른을 위한 동화, 이것이 『어린 왕자』의 본질이다.

이처럼 세상에 흠 잡을 데 없는 아름다움, 장미의 눈부신 아름다움을 기억한다면 장미의 색은 거부할 수 없는 존재로 다가온다. 곁은 화장을 한 여인의 얼굴처럼 도도한 모습과 함께 현실에서 포용할 수 없는 아름다움이 위엄으로 빛난다. 그 미묘함에 가장 아름다운 장밋빛을 더해 우리는 장밋빛 꿈, 장밋빛 미래, 장밋빛 인생을 이야기한다. 화려함에 묻히지 않고 자신을 통해 꽃잎의 화려함을 더 돋보이게 만드는 장미, 도시의 소란스러움 속에서도 겹겹이 치맛자락을 두른 장미 꽃송이가 바람에 흔들리면 '플로라flora'의 속삭임이 파편으로 남아 시인의 마음을 안겨준다.

장미꽃 한 송이, 커피 한 잔, 파도 소리 단지 그뿐이다
바람이 일자 파도에 하얀 꽃술이 술렁인다
흩어져 꽃잎이 날린다. 그리움이 꽃잎에 숨어 있었다
사랑이란 얼마나 단순하고 소박한 것인지 다시금 느꼈다

사람들은 사랑의 마음을 전하고 싶을 때 장미꽃을 선물한다. 가장 아름다운 꽃에서 느껴지는 가장 아름다운 사랑을 더없이 소중한 사람에게 전달하여 주고 싶기 때문이다. 물론 한 송이 꽃에 의해 상대의 마음이 금세 달라질 수는 없겠지만 건네지는 꽃에 당신의 열정과 사랑, 진심의 마음이 담겨 있다면, 수많은 장미 중 단 한 송이의 장미꽃만이 상대의 소중한 존재가 되어 줄 것이다.

거울 앞의 소녀 - 파블로 피카소

거울 앞 빛나는 소녀와 거울 속 울고 있는 듯한 모습의 소녀, 거울 앞에 선 소녀와 거울 속에 비친 소녀의 모습이 서로 다르게 보인다.

거울 앞의 모습은 마음의 눈에 보이는 것이 전부가 아니라는 것을 미리 말해 주고 싶었던 자신에 대한 사랑이며, 거울 속의 모습은 부부의 연이 마지막까지 이어지지 못할 것을 예감하고 눈물 같은 사랑을 갈망하고 있는 모습과 닮았다.
그 모습에서 사랑에 대한 시적 느낌과 죽어서도 함께 사랑을 나누고 싶었던 그녀의 인간적 고뇌와 연민이 보인다.

소녀의 이름은 마리 테레즈다. 22살 때 피카소의 두 번째 딸마야를 낳았고, 피카소에게 가장 창조적인 영감을 주었던 그녀와 좁힐 수 없을 것 같은 감정을 통해 거울 안과 거울 밖에 있는 두 얼굴의 나를 바라본다. 나는 나와 다르다고 서로를 부정한다. 그러나 나는 똑같다.

그 내면의 이중성이 마치 자신의 모습에 정신이 팔린 나르키소스를 생각하며 눈물짓는 에코의 모습처럼 비현실적이다. 진실의 무게에 눌려 평소에는 감추고 싶은 분열된 자아의 모습과도 같다.

길들여진 이중의 마음들이 순수한 자아로 빠져나가 본질적인 것이 먼저 보이기를 염원해 본다.

낭만적 사유

시니컬한 상황이 존재하는 까만 밤사이로 순수하고 하얀 낭만이 흘러내린다. 순백의 세상에서 낭만의 동의어를 구하러 길 위를 헤매는 것조차 낭만이었던 시절이 있었다. 하얀 입김 속에서 낭만의 그리움을 앞세워 걸었던 눈길, 하얀 등대가 눈부시게 낭만적이라 생각하며 걸었던 바닷길, 하얗게 무리지어 핀 꽃을 보며 낭만의 사유에 잠겨 걸었던 숲길에서 '돈키호테'를 만났다. 그는 나에게 친구가 되어 동행해 줄 것을 요구했다.

그와 이야기를 나누며 길을 가다 들판에 있는 수십 개의 풍차와 마주쳤다. 그러자 그는 근엄한 표정을 지으며 나에게 말했다. "운명이 우리가 기대했던 것보다 더 좋은 길로 인도하는구나. 저기를 보아라, 서른 명이 좀 넘는 거인들이 있지 않느냐, 나는 저놈들과 싸워 모두 없앨 생각이다." 나는 깜짝 놀라 다시 물었다.

"거인이라뇨, 저기 보이는 것은 거인이 아니라 풍차인데요?" 그러자 그가 다시 나에게 물었다. "너는 무엇을 보고 있는 것이냐? 지금보다 더 나은 세상을 꿈꾸어야 한다. 꿈꾸는 자와 꿈꾸지 않는 자, 도대체 누가 미쳐 있는 것이냐?"

사람들은 그를 황당한 기사 취급을 했지만 내가 만난 돈키호테는 한 마디로 낭만철학자였다. 그의 눈에는 풍차가 거인으로 보인다. 주막집 주인은 성주로 보인다. 놋대야는 황금투구로 보이고, 그것을 들고 있는 이발사는 기사로 보인다. 양떼들이 우는 소리는 요란한 기사들의 말발굽 소리와 같다. 이처럼 '돈키호테'는 세상 모든 것에서 자신이 꿈꾸는 모든 것들을 연관시켜 수없이 많은 사유思惟의 장을 만들어냈다.

마지막 동행 길에서 그는 나에게 "왜 내가 스스로 미친 기사가 되어야만 했는지 아느냐"고 물었다. 내가 고개를 돌려 의아한 표정을 짓자 그는 자신이 진정으로 원하는 낭만의 세계에 들어가기 위해서는 현실을 잊어야만 했기 때문에 "황당한 사람이 될 수밖에 없었다"고 말했다. 나는 그가 "어떻게 이런 놀라운 생각을 할 수 있었지?"라는 감탄사와 함께 어쩌면 이제까지 그가 해온 엉뚱한 행동들이 우리가 생각하는 이상적인 낭만 세상일 거라 믿게 되었다.

이제 12월의 시작이다. 소설 속의 '돈키호테'를 이해하기 위해서는 얼마나 더 많은 경험과 시절이 필요할지 지금으로서는 가늠할 수 없다. 하지만 누구에게는 아름다운 낭만이 누구에게는 냉정한 현실이라 할지라도 낭만 속에 존재하는 현실적인 일면은 누구에게나 필요한 인생의 철학이 되어줄 것이다. 그래서 '돈키호테'처럼 불가능한 꿈속에서 사랑에 빠지고, 내 가슴이 잃어버린 것을 찾아 별에 닿는 것을 시도해 보는 것도 훗날 멋진 추억의 낭만으로 남아 우리들의 마음을 따뜻하게 덮여줄 거라 생각한다.

나타샤 왈츠

어느 아름다운 날, 그대
작은 눈에 비춰진 네 모습으로
마음은 온통 핑크빛으로 물들고
기다림에 타오른 가슴 행여 들킬까 봐
볼그레한 두 볼을 허리춤에 가리운 채

내가 너인 듯 나는 너를 그리고
네가 나인 듯 너는 나를 그리며
그대 몸짓 따라 하나만으로 족한
나의 사랑이 감미로운 선율을 타고 흐른다

피에르, 나는 당신이라는 이름으로 부르는 세계 앞에

서 있지만 나는 당신을 당신 자신으로 존재하게 하기
위해서 당신을 사랑합니다.

나타샤, 나 역시 당신이라는 이름으로 부르는 세계
앞에 서 있지만 나는 당신의 존재가 바로 당신의
깊이라는 걸 잘 알고 있기에 당신을 사랑합니다.

원을 그리며 놓았다 뗀 두 손이 행여 기다림이 될까 봐, 한 발을 디딜 때마다 나는 마지막이라고 생각하며 발자국을 이어 나갔다. 그대 내 앞에 가고 나는 그대 옆에 서기를 반복하다 다시 그대 품에 안겨 설렘의 사랑을 전한다. 그가 내게 사랑이란 말을 처음으로 깨우쳐준 사람은 아니었지만 그에게서 진실의 깊이가 느껴졌다. 무도회 날, 그렇게 몇 번이나 떨면서 낯설음으로 사랑을 고백함은 서로의 영혼을 가득 채운 합일이었다.

옳고 그름의 유혹

"별들 사이엔 옳고 그름이 없지, 그냥 존재할 뿐이야." 영화 '플래툰'에 나오는 일라이어스Elias 중사가 죽기 며칠 전 밤하늘을 바라보며 한 말이다. 어둠 그 자체는 동물과 같은 삶을 드러내며 두려움을 지배하는 것처럼 높은 자리에 서 있으나 별이라는 존재 앞에서는 결국 스스로도 두려움을 이기지 못하는 연약한 존재라는 사실을 드러내고 만다. 어둠의 권위는 악의 힘이었으나 힘이 없는 것을 드러내는 존재 자체로 파멸한다. 옳고 그름의 기준이 모호한 전쟁의 참상만큼이나 이 영화를 관통하는 중요한 메시지는 바로 '인간의 가치관, 행동에 관한 절대적 기준은 없다'가 아니었을까.

사람들은 악이 어딘가에 고정된 모습으로 존재하는 그 무엇이라고 믿고 싶어 한다. 악한 성격도 나쁜 마음도 다 타고나는 천성이라 여기면서 그렇게 울타리를 치고 나서, 나는 저쪽이 아니라 이쪽에 있는 자신의 모습에 안심한다. 울타리 안쪽에 있는 나는 여전히 선이라는 확신으로 나의 어둠을 정당화하기도 한다. 때로는 악惡은 선善의 부재라고 믿으면서 악한 마음이 따로 있는 것이 아니라 착함이 사라지고 유혹을 이기지 못한 약한 마음이 악이 되는 것이라고 믿기도 한다. 지금도 내 머릿속에는 선과 악의 경계선이 수시로 내 마음을 가로지른다. 차마 말로 다 표현할 수 없다. 이제까지 큰 잘못 없이 살아온 것은 바른 마음을 가질 수 있도록 키워주신 부모가 있고 별 어려움 없이 지내온 경제적 여건도 한몫했으리라 믿는다. 상황이 달랐다면 더 많은 고통의 유혹에 시달렸을지 모른다.

악한 것이 아니라 약한 것이 사람의 마음이다. 어떤 상황이 선이고 악인지는 그 자체로 판단할 수 없다. 선과 악이라는 절대적인 기준은 인류 이전부터 존재하던 개념이 아니었다. 이는 철저하게 인간이 만든 개념이며, 선과 악 사이에서 갈등하며 고통받는 것도 철저하게 인간이다. 그리고 개개인의 옳고 그름을 판단하는 것 역시 인간이었다. 그것이 자신의 목표에 부합한다면 선이 되고, 반대의 경우라면 악으로 표현되었기 때문이다. 니체의 표현처럼 "창조자가 아니라면 그 누구도 무엇이 선한지 악한지를 모른다"는 그의 말이 나에게는 일종의 위로 같기도 했다.

오늘도 나는 나의 중심선을 따라 옳고 그름을 오간다. 옳고 그름을 도덕적인 잣대를 기준으로 판단해야만 한다면, 도덕이라는 것 역시 남들과 더불어 살기 위해 서로가 암묵적으로 지켜야 할 도리를 말하는 것이라 생각한다. 그리고 인간의 행위가 전제되지 않는 한 선과 악은 발현되지 않는다. 선과 악의 기준은 인간의 사고가 만들어낸 가치 개념으로써 도덕적 범주 안에서만 가치 평가되는 제한적 의미를 가질 뿐이다.

생존의 문제로 빵 한 조각을 훔쳐 먹은 것과 주인 없는 가게에서 빵 한 조각을 훔쳐 먹은 행위는 결과적으로 같은 행위에 해당되지만 개인의 주관적 환경과 사회적 환경에 따라 선과 악, 옳고 그름의 기준은 달라질 수 있다. 선하지 않은 사람은 악한 사람이 아니라 조금 덜 선한 행위를 한 사람일 뿐이다. 그래서 절대적이고 궁극적인 선악 기준 따윈 없다. 각자가 가진 기준을 모아 보편적인 기준을 지칭할 수 있을 뿐이다.

세상에는 좋은 것도 있고 나쁜 것도 있지만, 그것은 오직 나에게만 좋고 나쁠 뿐이다. 언제, 어디에서나 통하는 좋음과 나쁨 같은 건 없다. 내가 옳다고 판단한 다른 편에는 다른 옳음이 있다는 사실을 인정해야 한다. 지금까지 버려진 쪽의 삶이 지금보다 나은 것이 아니길 바란다.

방랑자의 숨결

감정 혹은 욕구의 억제, 생각을 하는 것과 생각에 휩싸이는 것, 어느 순간이든 나의 중심을 지켜야 한다는 건 합리적 허구성이다. 나의 감정에도 애정의 선택권이 있다. 유영하는 감정들을 내버려두고, 내가 나를 아끼고, 보고 싶어 하고 소중히 여기다가 이윽고 진심으로 나를 사랑하게 되었을 때, 나는 나의 애정을 사랑의 감정에 덧씌워서 자꾸만 사랑한다고 말하고 되뇐다.

그제야 내가 나를 사랑하는 사랑의 마음이 견고해져 언어로 표현할 수 없는 애정의 마음을 갖게 된다. 그제야 내가 눈물을 흘리면서 기쁠 수도 있다는 것도 알게 되고, 그제야 나를 소중히 하고 아낄 줄 알아야 남도 아낄 수 있는 사람이 될 수 있다는 것을 안다.

어떻게 보느냐에 따라 달라지는 일상들, 눈을 감고 보는 세상과 눈을 뜨고 보는 세상이 다르고, 넘어졌을 때 보는 세상과 평탄한 길을 걸으며 보는 세상이 다르다. 양극단의 형상을 부족한 가치로 여기는 나는, 지금도 내 마음의 세포 어딘가에 구석기인의 윤리의식이 살아 숨 쉬고 있음을 느낀다. 그 속에 살뜰히 챙겨온 사랑과 희망, 역마살의 아름다움, 독립의 꿈과 방황할 권리를 가지고 대책 없이 떠도는 구석기시대 방랑자의 숨결이 살아 있음을 느낀다.

미제레레

싸리기눈과 진눈깨비가 번갈아 내린다. 어둠이 몰려 있는 방에서 새어드는 빛을 보는 느낌은 누군가의 마음을 훔쳐보는 것과 같다. 훔침에 대한 의식이 두렵다는 건 상상력을 가졌다는 것일까. 남아 있는 희미한 욕망을 지그시 누르며 상처의 흔적을 간직하는 몸이 서서히 굳어짐을 느낀다.

누군가가 나에게 말을 건네온다.

"순식간에 지나가는 짧은 생이기에 인간은 자신의 존재 의미를 확인하고 싶어 하지만 인간은 자기 자신에게조차 솔직하지 못한 게 인간이야. 큰마음을 떠받치고 있는 작은 마음이 아프게 파고들 땐 '미제레레 Miserere'의 곡을 들어봐. 삶이 성스럽고 청초한 감동을 주며 서서히 쓰리고 아픈 기억을 간직하듯 이 세상은 공평한 것 같기도 하고, 아닌 것 같기도 해, 그래서 우리는 모두 기다리는 삶을 사는 거야."

혼잣말로 중얼거렸다. 나도 당신이 말한 것처럼 나 자신에게조차 솔직하지 못할 때가 많은데 나에게 말을 건 당신은 정녕 누구인가요. 당신은 너무 고요해서 훔침에 대한 의식만으로도 빛이 나네요.

내가 가장 하기 힘든 말

괜찮다
괜찮다
다 괜찮다

괜찮아
괜찮아
다 괜찮아

Time for myself

채움과 비움

Filling and emptying

Time for myself

편린의 마음

미처 풀어내지 못했던 아픔의 편린들이 어제의 일처럼 일기장에서 풀려나와 원점을 찾아 나선다. 과거의 상처 입은 마음들은 이미 단단해진 나를 마주하며 굳은살로 채워진 자화상 앞에 머뭇거리다 낯선 기억을 요구당한다. 하지만 편린의 기억 속에서 진정으로 기억해야 할 것은 어느 해 혹독하게 무더웠던 여름이 아니라 그해 가을 내가 걸었던 해변의 솔밭 길과 소나무 사이로 내리던 희미한 햇살, 이마에 내려앉던 노을을 기억하는 일이었다. 비바람을 피해 담벼락에 섰을 때 지붕을 타고 떨어지는 빗방울을 보고 센티해지는 마음, 잔잔하게 넘실대는 물결에 흔들리는 달을 보고 두근거렸던 마음, 그 순간만큼은 가난한 마음도 없이 이루어지는 행복이었다.

그러니까 끝내 상실로 가득할 우리 인생에서 진정으로 중요한 것은 우리가 서로를 잊지 않기 위해 애써야 한다는 것, 서로의 마음으로 아픔과 슬픔을 함께 나누는 것이었다. 그것은 이타적 본능이 내려앉는 영혼의 깊숙한 곳에 존재하는 서걱거리는 감정들을 의미 있는 감정으로 받아내는 일과 같았다. 창가에 비가 후드득 떨어지던 날 밤, 푸른 감정과 고요한 흥분을 열정적 공간에 내려놓고 절박하게 원하는 합일의 순간을 가슴으로 토해 내며 세상과 통하는 일이었다.

인생에서 원하는 것을 얻기 위한 첫 번째 단계는 내가 무엇을 원하는지 결정하는 것이다.

–「벤 스타인」

인생은 축제와 같은 것

크리스마스섬의 붉은 게들이 길을 건너고 기를 쓰며 절벽 위를 기어오른다. 이쪽이 삶이라면 저쪽은 죽음이다. 아래쪽이 지옥이라면 위쪽은 천국이다. 그럼에도 수백만 마리 삶의 대열은 장중했고 바닥을 기며 서두르지 않는 그들의 보폭은 엄숙했다. 그렇게 죽음을 마다하지 않고 길을 나서야 하는 게 그들의 삶이지만 고통스러워 아름답게 빛날 수 있는 삶이다. 우리들의 삶 역시 꼭 이해해야 할 필요는 없다.

인생을 꼭 이해하려 하지 말라
인생은 축제와 같은 것
하루하루 일어나는 그대로 맞이하자

길을 걷는 아이의
발걸음 위로 바람이 불 때
흩날리는 꽃잎이 선물이 되듯
꽃잎을 모으려 하지 않는 아이는
머리카락에 묻은
꽃잎을 살포시 떼어내고
다시 새롭게 손을 내밀어
사랑의 날을 붙잡는다

– 라이너 마리아 릴케, '인생'

사사와 자마니의 시간

희미하게 실루엣을 드러낸 나목이 못내 아쉬운 듯 침묵의 시간을 아직도 떠나보내지 못하고 미적이고 있다. 하나가 하나를 만나 다시 또 다른 하나가 되어 서로의 눈물을 어루만지려 한다. 그들이 죽은 이를 기억하는 한, 죽은 이는 죽은 것이 아니라 여전히 '사사sasa'[1]의 시간 속에 살아가고 있다. 그러나 너를 기억하는 이들마저 모두 죽어서 더 이상 기억해 줄 사람이 없을 때 죽은 자는 비로소 영원한 침묵의 시간, 즉 '자마니zamani'로 떠나게 된다. 헤어진 연인이 두려워하는 건 이별 그 자체가 아니라 사랑하는 자의 기억에서 사라지는 것이다.

---

1) 사사sasa와 자마니zamani는 아프리카의 스와힐리족이 사용하는 독특한 시간 개념을 말한다.

너를 볼 수 없다는 힘듦 속에서도 난데없이 이는 바람 소리에 네가 생각난다면 그 아픔이 사랑이다. 나의 손길로도 결코 만져주지 못하는 아픔이 사각지대에 숨어 있는 기다림을 병들게 만들어 그리움이 죽어가는 것은 너의 마음에서 사라짐이다. 그래서 외로운 사람보다 잊힌 사람이 더 비참한 것이다.

외롭단 말만 건네면서 하고 싶은 말을 전해 주지 못하고 되돌아서야 했던 안타까움, 흔들리며 하염없이 기다렸던 절실함, 내 아픔을 자신의 아픔으로 분리하지 못하고 오열하던 모습의 기억들, 너에 대한 기억 속에서 나의 세상은 진짜 세상의 모습이 아니었음을 고백하며 네가 더 이상 날 필요로 하지 않을 때까지 사사의 시간 속에 너를 묶어두고 싶다. 우리가 스스로 정한 사랑의 기준 속에서 영원히 너를 기억하는 사람으로 남아 존재의 집에 너를 영원히 가둬놓고 싶다.

사사와 자마니의 시간은 기다림과 그리움과 견뎌냄의 존재를 인정하는 솔직함이다. 사랑이 끝나도 기억은 사라지지 않는 것처럼, 존재가 사라져도 그 의미는, 그 향기는 사라지지 않는다. 네가 없고 내가 없어도, 내가 남아 있고 네가 남아 있는 한, 잃어버린 시간, 잃어버린 삶, 그리고 잃어버린 사랑을 되찾아줄 것이다.

본질의 흔적

사유와 존재의 일치, 생각하는 존재로서 나는 누구일까. 답답한 마음에 창을 열어보지만 내가 사유하는 주체로서 존재에 대한 본질은 여전히 창밖을 맴돌고 있다. 지워지기 위한 나는 지우려고 하는 '나'가 있는 한 지워지지 않는 것일까. 나의 삶을 무언가로 가득 채우려 했던 바보스러움이 후회로 남는다. 비어 있어야만 다른 무언가를 채울 공간이 필요함에도 그렇게 하질 못했다. 해가 거듭될수록 마음이 자꾸만 한쪽으로 굳어져 감을 알면서도 한 번 상처 난 마음은 쉽게 아물지 않고, 고통받은 기억은 그 모습 그대로 덧난 상처처럼 가슴에 남겨져 아물었다 나빠지기만을 반복할 뿐이었다.

나는 왜 상대의 본질을 보지 못했을까. 그는 자신의 본질을 고민하지 않은 채, "먹고 사는 일보다 중요한 게 뭐라고 생각하느냐"고 물으며, 가끔씩 따뜻한 언어로 나의 마음을 달래려 현혹해 보지만, 나의 마음은 정해진 기준점을 따라 움직일 뿐 그 이상도 그 이하도 아닌 마음이 되어버렸다. 그러자 사람들은 나에게 물었다. "어떻게 믿음에 대한 신뢰를 저버리고 그렇게 생각할 수 있는지, 그게 가능한 일이냐"고 물어보지만 그것은 오랫동안 감정의 공유를 통해 얻어낸 본질에 대한 하나의 깨달음 때문이었다. 깨달음이란 이유도 없고 조건도 없는 그냥 텅 빈 하나의 행위일 뿐이었다. 감각적인 세계는 원인들이 꼬리를 물며 연결되어 있고, 궁극적으로 본질과 만나게 되어 있다. 본질이란 사람이든 사물이든 존재하는 모든 것들에게 깃든 성질이니만큼 본질에 충실하지 않는다면 그저 겉치레에 불과할 뿐이라는 것을 알았기 때문이다.

그동안 아무렇지 않은 것처럼 행동했지만 본질의 실존이 존재에 있음을 알기에 속으로는 언제나 미래에 대해 생각을 했고, 어떠한 선택을 내려야 할지 끊임없이 고민하고 있었다. 그리고 나는 이솝 우화를 읽으며 최종적인 선택을 했다. 무엇을 깨달아야 하는지 거창하게 생각할 필요도 없었다. 이솝 우화에 어느 날 먹이를 찾아 헤매던 여우가 저쪽 울타리 안에 포도나무가 있어 포도가 주렁주렁 매달린 것을 보고 기어 들어가 포도를 따기 위하여 힘껏 뛰었으나 미치지를 못하였다. 그래서 다시 뛰었으나 역시 포도에 미치지를 못하였고 화가 난 여우는 계속하여 뛰어보았지만 힘이 달려 점점 포도로부터 거리가 멀어지게 되었다. 결국 포도를 먹을 수 없게 된 여우는 "저 포도는 너무 시어 도저히 먹을 수 없을 거야" 하면서 그 자리를 떠났다는 이야기처럼 이제 나도 상대의 본질을 도저히 바꿀 수 없을 거라는 것을 있는 그대로 인정하고, 그 자리를 비워주면 되겠구나 하는 생각을 깨달으면 되는 것이었다.

그것은 현상의 차별화가 아니라 이제까지 상대방이 살아온 본질의 흔적에 대한 차별화를 인정하고 들어가는 것이었다. 그리고 상대에 대한 과거를 편하게 지워버리는 것이다. 이제 나는 어떤 길을 가든 행복해질 수 있음을 안다. 또다시 마음을 다칠 수 있지만 그게 인생이라 생각하며 살고 싶다.

미완의 존재

열매를 맺어야만 하는 게 내 본연의 존재 이유라면 난 너무 서럽다. 던져진 숲속에서 내가 선택해 나가는 길은 아무것도 없다. 실재하는 선택을 통해서만 미완의 존재를 결정해 나간다.

봄이다…
가지들이 잘려나간 자리마다 굵은 눈물방울이 뚝뚝 떨어지는 고통이 느껴진다. 감정 혹은 욕구의 억제를 넘어선 눈물이다. 하루 내 슬픔으로 몸이 뜨겁지만 현실을 받아들여야 한다. 눈물을 통해 남길 수 있는 것은 그저 슬픔만은 아니다. 가슴 아픈 현실 속에도 분명 사랑이 남아 있다. 그렇게 남긴 사랑은 슬픔으로 남은 가지에 더없이 따스한 마음을 전해 줄 것이다.

여름이다…

햇살이 따가워질수록 깊이 익어 스스로를 아껴보려 하지만 내 몸은 어느 때 우르르 무너지는 감정처럼 두려움에 떨다 울음으로 하늘의 노여움을 덮는다. 밤이 되면 강이 흐느끼고 산이 우는 소리가 작은 위안이 되기도 했다. 그러나 그런 위안이 침묵이나 고독에 기댄 것이라고 생각한다면 착각이다. 머지않아 고뇌가 뿌리 깊이 박힌 현실을 받아들여야 한다.

가을이다…

내 얼굴에 무서리가 하얗게 내려앉았다. 계절의 끈을 잡으려 노력하고 있던 분신의 잎들이 한 번의 무서리에 그만 손을 놓는다. 고라니가 몸을 기대고 멧돼지가 발등을 긁었다. 이제 나는 나의 모퉁이로 돌아갈 것이다. 나의 발개진 믐뚱이와 연결된 생명줄을 가위로 톡 끊어내어 박스 안에 담길 것이다. 조용한 소멸이다.

새벽 2시…

곁을 지켜주는 산까치가 있어 조금은 덜 외롭다. 내일 새벽이면 얼음골 사과라는 이름표를 달고 이곳을 떠나갈 것이다. 나는 최후라는 사건을 바꾸지 못한다. 내일이면 나를 나답게 만들어주었던 사람들, 사건들, 풍경들이 모두 모여 나를 떠나보낼 것이다. 그리고 머지않아 나의 보이지 않는 슬픈 감정이 누군가에게 기쁜 감정이 되어줄 것이다. 이것이 훨씬 더 심원한 수준에서 자유로워지는 방법이라 말한다면 말없이 진심으로 신에게 의지하려고 한다. 그래도 난 내 본연의 존재 이유에 대해 할 말이 많다.

스 · 마 · 일

스 : 스로 비우고 자유로워지는 삶이 행복이라면 꽃 옆에 서면 마음의 향기가 스미듯 우리의 몸은 벌써 스며든 것이다. 신호음에 따라 움직이는 동작처럼 얼굴 속에 묻혀 있는 꽃들이 여기저기 피어 있다. 나는 왜 여기에서 피어났을까, 자책하며 불안해 하는 꽃들도 없다. 똑같은 생각들도 마음에 따라 행복도 불행도 만든다. 존재의 이유가 꼭 찬란할 필요는 없지만 행복하기 위해선 행복한 마음이 필요하다. 마음자리 머무는 곳에 마음 꽃 그대로 머무르고 요란하지 않은 시간은 단조롭지만 촉촉하다. 잠시 마음이 쉬어감을 느낀다.

마 : 음 따라 나선 하루가 어스름 불빛을 향해 주춤주춤 들어서고 하루 내 미로에 갇혀 서성이던 시간들도 하나씩 합일을

이뤄 마음 숲으로 들어선다. 숲 한가운데 침대 속에는 연체동물처럼 보이는 육체가 감각 없이 놓여 있다. 눈, 코, 입, 양손, 양발, 귀를 통해 마음 작용하느라, 피로에 지쳐 있는 나의 육체에 미안함을 전한다. 나와 욕망을 동일시하는 순간이 많았음에도 나의 욕망이 노예처럼 끌려다니지 않게 제자리를 찾아 나설 수 있도록 보살펴준 마음들에 감사함을 전한다.

일 : 상에서 보이는 세상이 전부가 아니라는 걸 알면서도 남들이 나를 어떻게 볼까, 그들보다 내가 더 나은가, 못한가, 나와 상관없는 것들에 미련을 보이고 원하는 걸 쫓아 달려왔지만 그 대상은 항상 나로부터 도망치고 보이지 않았다. 아프면 아프다고 울고, 즐거우면 즐겁다고 웃어야 함에도 그렇게 하지 못했다. 나는 항상 감정에 휘둘리지 않는 순수지존처럼 보이는 것에 만족하며 주어진 현실을 초월할 수는 없었다. 하지만 스스로 강해지고 자유로워지기 위해서 정녕 마음속에서 보아야 할 것은 잘나고 못남, 나와 상관없는 미련들이 어떤 형태, 어떤 감정으로 존재하든 있는 그대로의 나를 바라보고 인정하고 받아들이는 일이었다.

채움과 비움

들풀 사이로 떨어지는 낙엽 소리에 마음이 흔들린다. 산국화는 누구를 기다리며 저렇게 청아하게 피었으며, 억새풀은 어떤 생각으로 하루 종일 고개를 흔들어대며 애원하고, 풀벌레들은 무슨 사연이 그리도 많아 밤새워 슬피 울어대는지, 작은 가슴으로는 감당하기 어려운 가을이다. 노란 물결로 꽉 차 있던 채움의 들판은 듬성듬성 추수의 흔적을 보이다 어느새 텅 빈 들판만을 남기고 나뭇가지들은 화려함을 뽐내던 잎들을 자연으로 떠나보내고 빈 가지만 외롭고 쓸쓸하게 자리를 지킨다. 채울 때 채워주고 비울 때 비워주며 오고 갈 때를 잘 알아서 다시 제자리를 찾아 자연으로 돌아가는 자연 앞에 갑자기 부끄러움이 앞선다.

"자연으로 돌아가라, 자연은 결코 우리를 속이지 않는다. 우리를 속이는 것은 언제나 우리 자신이다"라고 말한 '장 자크 루소'의 명제는 가을 들판이 텅 비는 모습과 텅 빈 나뭇가지를 보고 외롭고 쓸쓸하게 느끼는 것을 자연의 현상처럼 생각하고 있는 나에게 여전히 설득력을 가진다. 인간은 누구나 자기 안에 이성을 가지고 있으니, 그 이성의 빛으로 돌아가 모든 것을 풀어내라는 그의 철학적 사유에 나는 밀레의 만종을 떠올린다. 가을 들판에서 일하던 부부가 멀리서 들려오는 종소리를 들으며 하던 일을 멈추고 석양을 바라보며 감사와 겸손의 기도를 올리는 모습은 아름다움의 차원을 넘어 채움과 비움을 깨닫게 해준 자연에 대한 감사의 기도이기도 하다.

자아의 집착과 욕망의 중심에서 벗어나려 할 때 우리의 어둠 속에서 떠오르는 것은 무엇인가. 채움과 비움, 비움과 채움의 반복에 대한 사유다. 내 안에는 무엇으로 채워져 있으며, 이것들을 어떻게 비울 수 있는가? 그것은 그지없이 쉬운 일인 듯 보이면서도 때론 끝내 다 풀어내지 못하는 삶의 숙제처럼 자기 자신을 바라봐야 하는 것과 같다. 나를 얽매는 모든 것에서 잠시 벗어나 내면의 지시를 따를 줄 아는 사람에게만 그 사유를 깨닫게 해준다.

그래서 나는 오늘 하루만이라도 나를 얽매는 모든 것을 거부하고 내 안의 이성의 빛을 찾아 내면의 지시에 순종하고 싶다. 그리고 그런 생각이 오늘 단 하루에 지나지 않는다 할지라도 들판에서 두 손 모아 기도하는 부부처럼 자신에게 가장 소중한 깨달음을 찾아 나의 내면을 가득 채워보려 한다.

> 자신이 지금 가지고 있는 것으로 만족을 할 스 없는 사람은 그 사람이 가지고 싶어 하는 것을 다 가진다고 하더라도 만족하지 못할 것이다.
>
> – 소크라테스

서로의 가치전환

노란 금계국과 하얀 데이지 꽃이 잡초와 어우러져 피어 있는 풍경에 나도 모르게 탄성이 새어 나왔다. 파란 하늘과 새들의 노랫소리, 그 숨결이 머무는 곳에 피어난 꽃들, 어쩜 이리도 예쁠까. 서로 얼싸안고 있는 세 명의 에로스처럼 모든 것이 경이롭고 감사하다. 만일 잡초가 없이 꽃들만 피어 있었다고 해도, 이 모든 것을 감동의 아름다움으로 바라볼 수 있었을까. 아마도 그런 감동은 느끼지 못했을 것이다. 놀랍게도 잡초의 관점에서조차 아름다움의 세계가 창조되고 있다는 점에서 니체의 관점주의를 생각나게 하는 풍경이었다.

니체의 관점주의는 단 하나의 참다운 현실이 있고, 그 현실에 대해 다양한 표상이 생긴다는 사고가 아니라 오히려 거꾸로

다. 관점주의적 해석에 기초해서 생겨난 가상이 새로운 현실을 만든다. 이른바 모든 가치의 가치전환이다. 이제는 잡초가 제거되고 잘 정돈된 화단의 풍경보다 잡초와 더불어 서로 얼싸안고 아름다운 꽃을 피워내는 화단의 풍경에 더 사랑을 느낀다.

이처럼 서로의 가치전환으로 서로를 빛내주는 잡초와 꽃들의 모습에 마음이 홀리면서 어느 대학 교수님의 말씀이 생각났다. 그분은 24년간 혼자 전국을 돌아다니며 채집한 야생들풀의 씨앗을 모아 '야생초본 식물자원' 종자은행을 설립한 분이다. 그야말로 잡초 같은 인생철학을 가진 분이다. 한 사람이 장한 뜻을 세워 아무도 돌아보지 않는 잡초들의 씨앗을 받으려 청춘을 다 바쳤다는 것은 그것만으로도 자랑스러운 일이지만 그보다는 신문기사의 끝에 실린 그분의 말씀이 가슴에 크게 더 와 닿았다.

"잡초요, 평생 연구해도 그런 풀 없던데요, 모든 풀은 쓸모가 있답니다. 엄밀한 의미에서 잡초는 없습니다. 잡초란 흔히 원치 않는 식물을 가리킵니다. 밭 냉이는 잡초이고 들판 냉이는 나물이지요. 하지만 농토 밖에도 수많은 풀들이 있습니다. 아직 우리가 몰라서 그렇지 다 쓸모가 있어요. 잡초는 우용식물입니다. 그 효용을 우리가 다 모르거나 잊었을 뿐입니다. 밀밭에 벼가 나면 잡초고, 보리밭에 밀이 나면 또한 잡초입니다.

상황에 따라 잡초가 되는 것이지요. 산삼도 원래 잡초였을 겁니다."

고난과 역경을 이겨낸 사람들이 흔히 자신을 '잡초 같은 인생'을 살았노라고 비유하기도 한다. 이처럼 사람들은 잡초라는 단어에 하찮음과 보잘것없음의 이미지를 부여하기도 하지만, 자연 속에서 잡초는 없어서는 안 될 중요한 역할을 담당하고 있다. 극심한 토양침식을 막아주거나 모래바람을 막아주어 다른 식물들이 잘 자랄 수 있게 해주거나, 동물들의 영양 공급원이 되어주기도 하면서 땅을 섬유화시켜서 표토층을 보호해 주는 역할을 자임하기도 한다.

사람도 마찬가지로 어느 자리에 있든 각자의 역할이 필요한 존재지만 자기가 꼭 필요한 곳, 있어야 할 곳에 있으면 산삼도 될 수 있고, 산삼은 잡초 속에서 존재할 수 있다고 하니 이 얼마나 의미심장한 말인가. 그래서일까, 온실 속의 화초로 살아가는 쉽고 빠른 인생의 방정식 풀이보다는 그 누구도 생존을 부정할 수 없는 존재감으로 현실을 만들어나가는 잡초 같은 인생의 방정식 풀이에 더 마음이 다가선다.

결혼 이야기

가끔씩 마주하는 드라마지만, 반가움과 함께 맞이한 여주인공의 표정에서 오늘따라 유난히 어색하고 낯선 슬픔이 느껴진다. 현실에서 약삭빠르지 못해 엄마라는 이름을 위안삼아 불편한 삶을 감내하며 살아가는 주인공과 달리, 무수한 거짓과 일탈, 무수한 변명과 가식적인 가치관으로 무장한 남편과 살아가는 부부의 심리적 갈등과 애환을 잘 표현해 낸 드라마다.

드라마 속 남편은 자신에게 발생한 눈곱만한 불편과 고통에 대해서는 민감하게 반응하면서도 아내의 고통은 일시적 변덕에 따른 불만으로 여긴다. 아내는 계속되는 남편의 일탈에 대해 자신의 감정과 생각을 표현하고, 잘못된 행동을 개선해 줄 것을 요구했음에도 달라지지 않는다. 그럴 때마다 남편은 아내에 대한 깊은 이해와 공감 없이 애정 표현을 나타내며 거침없이 같은 행동을 반복해 나간다. 남편은 자신만의 방식으로 조금씩 주인공을 지치게 만들어 자기 상실에 빠지게 만든다.

드라마 속의 여주인공도 현실과 별반 다르지 않다는 생각에 피식 웃음이 나오면서도 얼마 전 절친이 나에게 물었던 질문을 떠올리며 허전한 생각이 들었다. 그 당시 절친은 나에게 현재 삶의 만족도를 물었다. 상 · 중 · 하로 따져서 '중하' 정도 된다고 했더니, 자신도 그렇다고 하면서 오늘의 내 마음은 '지금의 삶에 만족한다'가 아니라 결혼해서 오랜 생활 '아이들 엄마로서의 삶에 만족하며 지내왔다'고 하는 게 맞을 것 같다고 한다.

서로가 원하는 이상형과의 만남에서 출발하여 엄마로서의 삶에 만족할 수밖에 없었다고 말하는 결혼, 한때는 스스로 행복하다고 믿었던 그 결혼생활의 실체는 무엇일까? 사랑에 빠져서 했던 선택들이 철없던 시절의 실수였던 것일까, 아니면 과거의 사랑이 현재의 욕망과 사랑에 부합하지 못해서 과거가 부정되는 것일까. 스스로의 취향이 뭔지도 잊어버릴 정도로 살아왔으면서도 둘 중 한 사람이 희생해야지만 가정이 유지된다면 그렇게 해서 유지되는 가정은 바람직한 가정일까.

결혼하면 서로 사이좋게 지내면서 같이 살아야만 한다는 거,

그런데 얼마나 많은 부부가 이와 같은 암묵적인 모순을 현실의 삶으로 살아내야만 하는 거지? 오랫동안 정서적 교감을 나누지 않았음에도 배우자의 욕망에 맞춰 그냥 그렇게 살아가는 게 맞는 거라고 스스로를 달래가면서 참아내야만 하는 걸까. 서로 욕망과 지향점이 달라져 더 이상 함께하기 어려울 때 당연히 헤어질 수 있다는 걸 전제로 하는 사회라면 그때에도 서로 간의 헤어짐이 이렇게 고통스러울까. 이 물음에 답하려 한다면 나는 다시 지극히 어리석은 사람이 되고 만다.

세월이 흐르면서 그때는 맞고 지금은 틀리다고 말하는 부조리한 본질을 여실히 드러내는 결혼이지만, 애시당초 작정하고 갑자기 돌아서는 부부는 없을 것이다. 똑같지는 않겠지만 갈등은 한쪽에서 먼저 일어난다. 어느 날 배우자가 이유도 없이 '더는 못 살겠다'고 결별을 선언하는 것은 그동안 배우자에 대한 불신이 무의식 속에 하나둘 쌓이면서 자기 상실에 대한 위기감을 극복하지 못하고 우울증에 빠진 어느 날 한꺼번에 터진 선언이라고 할 수 있다.

누구나 후회 없는 삶을 살고 싶지만 맘대로 되지 않는다. 다만, 공통분모가 많은 부부일수록 좋은 부부가 될 거라는 당위성을 위안삼아 매 순간 최선으로 보이는 선택을 하며 살아갈 뿐이다. 배우자를 독립적인 인격체로 인정하지 않으면서 단지 사랑이라는 이름으로 일방적 희생을 강요해서도 안 되고, 감정을 강요당해서도 안 된다. 부부는 사랑하기에 삶을 나누고 싶어서 결혼했다는 사실과 부부간에도 여지가 있는 삶이 필요하다는 사실을 잊지 말아야 한다. 배우자는 소중하다. 하지만 상대가 내 삶의 목적이 되어서는 안 된다.

감정과 이성의 다툼

여럿이 모인 자리에서 대화를 나누다 보면 본의 아니게 서로의 의견이 갈려 마음이 불편해질 때가 있다. 어떤 논거를 제시해도 그는 자기 의견에 대한 신념을 굽히지 않으면서 내가 제시한 의견이 틀렸다고 말한다. 그것도 서로가 잘 아는 친구 사이라면 보다 사적인 대화가 내밀한 갈등을 겪으면서 감정을 앞세워 헤어지기도 한다. 우리는 산중에 기거하는 자연인을 보고 부동산 투기에 밝은 사람일 거라 상상하지 않으며, 사형수를 위해 밤낮으로 기도하고 있는 수녀를 보고 물욕이 많은 사람이라 생각하지 않는다. 이렇듯 어떤 대상에 대하여 이미 마음속에 가지고 있는 고정적인 관념이나 관점을 우리는 선입견이라 하고, 어떤 집단의 사람들에 대한 단순하고 지나치게 일반화된 생각들을 고정관념이라고 한다.

사실 왜 하늘이 파란지도 모르고 파랗다는 것에 찬성하는 것은 별개의 문제이다. 바다는 당연히 파란색일 것 같지만 물의 색깔을 이해하기는 그리 간단치 않다. 우선 자신이 어디에서 물을 보고 있는지를 파악해야 한다. 물 바로 위에서 볼 때와 멀리 떨어져서 볼 때 물의 색깔은 달라진다. 우리가 멀리서 본 바다는 바닷물이 아니라 하늘이 반사된 모습이었다. 그래서 화창한 날의 파란색 바다는 구름 낀 날에 회색으로 변하는 것이다. 이렇듯 우리는 어떤 사안에 대한 누군가의 관점에 뚜렷한 근거가 없다면 그것에 동의하는 사람의 의견 또한 근거 없을 것이다. 그러나 입증할 수 없는 논리라 해도 동조하는 사람이 생기는 순간 내가 한 말에 대한 의견은 무시되고 만다. 이 말은 '그렇다'와 '그렇지 않다'라는 문제가 이성적인 판단에 의해 결정되어야 함에도 오직 자기 믿음을 격려해 주는 감정에 의해 결정되고 있다는 것을 의미한다.

아무리 책을 읽어도 타인들의 이성이 어디서 끝나는지, 나의 감정이 어디서 시작되는지 알 수가 없다. 갈릴레이가 종교재판에서 목숨을 구하기 위해 지동설에 대한 소신을 접고 자신의 주장이 틀렸다고 고백한 뒤, '그래도 지구는 돈다'는 말을 남겼다는 이야기는 유명하다. 그의 주장은 결국 갈릴레이가 죽던 해에 태어난 '아이작 뉴턴'에 의해 지동설의 최종적 승리를 확정하게 된다. 이처럼 어떠한 상황에서 관념화된 기존의 감정이 개입하게 되면 사실적 주장이나 의견을 받아들이지 못하는 경우가 허다하다. 분명한 건, 사람들은 새로운 사실을 발견하는 동시에 새로운 무지를 만든다는 것이다. 그것은 자신들의 감정이 중요하다고 생각하기 때문이다. '자기애' 즉 자기를 사랑한다는 것에 대한 잘못된 인식과 오류가 발생한 결과다.

자기를 사랑하는 것은 자신의 감정과 생각을 중요시 생각하고 우선적으로 챙기는 것이 아니라 갈등 구조에서 상대방의 말에 집중하여 그 사람을 공감하고, 자신의 입장에서 진실 되게 말하면 된다. 이성보다 감정이 앞서는 이유는 상대방의 언어 속에서 꼬투리 하나를 잡으면 그것을 가지고 물고 늘어지기 때문이고 마치 그런 불편한 언어들이 자신을 무시한다고 믿어버리기 때문이다. 혐오하는 감정들 중 불가피하거나 자연스러운 것은 결코 없다. 그래서 우리는 수없이 많은 실수를 반복하며 살아가고 있다. 개인적인 감정을 내세워 극단적인 감정을 표출하거나 가족 간에 법적인 소송을 진행하기도 한다.

그렇다면 왜 이성은 감정을 이기지 못할까. 우리가 다른 사람을 대할 때 가장 먼저 대면하는 것은 이성보다 서로의 감정이며, 상대방 역시 감정을 제일 먼저 앞세우기 때문이다. 이럴 땐 속상해도 나의 감정이 먼저 튀어나와서는 안 된다. 그래야 이성이 감정을 이겨낼 수 있다. 가장 우선시해야 하는 것은 '이럴 것이다'라는 선입견을 바탕으로 자신의 감정과 생각으로 접근하지 않는 것이다.

나를 위한 시간들

톨스토이는 단편 '사람은 무엇으로 사는가'에서 땅에 떨어졌던 미카엘을 통해 "사람에겐 자신에게 무엇이 필요한가를 아는 힘이 주어지지 않았다"는 답을 내어놓는다. 나에게도 물어 보고 싶어졌다. "내 마음속에는 무엇이 있는가? 나에게 주어지지 않은 것은 무엇인가? 나는 무엇으로 사는가?"

시간 I

내가 견뎌야 할 일상이 결코 끝나지 않는 기나긴 터널처럼 느껴질 무렵 나의 생일을 맞이했다. 같이 모여 케이크 촛불을 불고 음식을 나눠 먹으며 '생일을 축하한다'는 말을 건네받으면서 서로의 존재에 고마움을 느끼며 서로의 마음을 나누는 공간이 되었다. 하지만 그렇지 못한 사람들의 서글픔을 생각하면 나의 생일을 기억해 주길 바라는 마음과 아니, 혼자라도 괜찮다는 맘 사이에서 자주 갈팡질팡했던 시간들이 부끄럽게 느껴졌다. 수많은 시간들 속에서 누군가 한 명이라도 내 생일을 잊지 않고 기억해 준다는 건 정말 고마운 일이었다.

시간 Ⅱ

오늘은 어디서 무얼 할까? 창밖에 앉은 바람 한 점에도 사랑은 가득한 걸~~ 나는 이 노랫말이 참 좋다. 서편 하늘에 핀 찬란한 노을을 바라보는데 그윽한 시선으로 다가와 살며시 내 손을 잡아주는 재이가 곁에 있어서 더 좋다. 한계적 상황에 처한 인간의 나약함과 내 삶에서 이미 지나가버린 과거도, 예측할 수 없는 미래도 의미가 없다는 것을 노을을 바라보며 알았다. 아침에 눈을 뜨면 꿈에서 깨어나는 것처럼 허상에서 실상으로 돌아와 그동안 가장 귀하다고 생각했던 가치가 바뀌게 되는 느낌의 하루였다. 오늘 같은 날이 많았으면 좋겠다.

시간 Ⅲ

"여행을 통해서 많은 걸 깨닫게 되었어요. 남에게 보여주기 위한 모든 것을 버렸어요. 물건도 많이 사지 않고요. 여행 가면 샴푸 하나에 옷가지 서너 벌, 딱 필수적인 것만 챙겨가요. 그래도 불편하지 않아요. 그때 평소에 불필요한 걸 너무 많이 가지고 살았음을 깨닫게 되죠." 43개국을 여행한 '프리터족' 여행가의 말이다. 그 말들은 내가 평소에 지켜나가야 한다고 생각되는 것 중에 하나였다. 하지만 그 하나마저도 암묵적인 룰 속에 순종하며 일종의 보임을 그토록 갈망하면서도 아닌 것처럼 행동하며 살아왔음이 부끄럽다. 구석에 처박혔던 욕망을 피워 올리며 살아가는 나에 대한 이야기라는 것을 오늘에서야 알았다.

시간 Ⅳ

방송 프로그램에서 궁예의 관심법 대사가 나왔다. "내가 관심법으로 그대들의 마음을 읽었다.", "나는 너를 보면 네가 무엇을 생각하는지를 안다. 내 잠시 더 관심법으로 봐야겠구만. 누가 과연 이 조정에서 도태돼야 할 것인지, 누가 쓸모없는 허접쓰레긴지 말이야!" 이 말은 너는 결코 나를 속일 수 없다는 아주 단순하고 직접적인 은유다. 단순하게 인간의 인식론적 한계에 대한 알레고리로 해석하기에는 너무 심각한 건 아닌가라는 생각에 피식 웃음이 나왔다. 하지만 아쉽게도 인간은 진실의 마음을 결코 볼 수 없다. 인간은 단지 이론적인 서사를 통해 일부 현실만을 파악할 수 있을 뿐이다. 오히려 관심법은 남을 보는 게 아니라 자기 마음을 스스로 보고 내면을 성찰하는 것이라는 성현의 말씀에 귀가 번쩍 뜨인다.

시간 V
타인의 삶을 비교하면서 불편한 상황을 맞닥뜨릴 때마다 마음이 편치 않았다. 그런데 이제는 그런 삶에 대한 엿보기는 개개인의 반성과 자각을 통해서만 물리칠 수 있다는 것을 알게 되었다. 그동안은 세상사가 내 뜻대로 유지되어야 한다는 유아적인 이기심과 나의 교만이 앞서나가 나를 힘들게 만들었지만 살면서 불편함과 좌절을 겪는 것도 내가 감당해 내야 할 몫이라는 것을 인정하고 나니 마음이 편안해졌다. 그리고 시간이 지나면서 마음의 근육이 생겨 웬만한 일에는 넘어지지 않는 힘이 생겼다. 누구보다 열심히 살고 있는데 행복하지 않다면 나의 선택과 자율성이 외부에서 주입된 것은 아닌지 혹은 내 자신에게 바라는 이미지가 너무 강한 것은 아닌지 의심해 보자.

멈추어라, 순간이여!

"멈추어라, 순간이여! 너 참 아름답구나."『파우스트』문장이다. 회색지대를 방황하던 메피스토에게 그 문장 속의 대사는 푸른색으로 다가와 그를 황홀하게 만들어주었다. 내가 인생을 만들어가는 주체임을 알고 그 시간을 믿고 계속하면 '가장 좋아하는 나'가 되는 일은 생각보다 어렵지 않다. 아마도 그 황홀함을 간직한 채 그가 지옥에 갔다면 미워했던 자신의 모습 그대로 살아갈 것이고, 천국에 갔다면 가장 좋아했던 자신의 모습으로 살아갔을 것이다. 나를 사랑하면 세상도 나를 사랑한다는 말처럼 그에게 푸른색은 마음의 색이고 꿈의 색이었던 것이다.

이처럼 소중한 인생이 매 순간 자신의 내면에 있음에도 나는 여지껏 내 마음속에 무엇이 있는지, 나에게 주어지지 않은 것은 무엇인지, 나는 무엇으로 사는지에 대한 존재론적 질문에 스스로 묻고 대답하지 못했다. 하지만 나를 위한 시간들 속에서 이런 사색의 과정을 통해 나는 보이지 않는 것에 대한 가치를 깨달아나갈 것이라 믿으며, 나 자신의 존재에 대해 묻고 답하기를 멈추지 않을 것이다. 미국의 소설가 '제이슨 모트'의 말처럼 가치 있는 일에는 시간이 걸리겠지만 아마도 그것이 시간이 하는 역할일 거라 믿는다.

외뿔고래

새벽 댓바람이 무던한 하루의 시작을 반겨준다. 볼일 있는 자들만 들어왔다가 서둘러 떠나는 장례식장에 누군가 오래 머물며 우는 것은 좀처럼 볼 수 없는 광경이 되어버렸다. 생면부지의 사람끼리 서로 누구인지도 모른 채 맞절을 올리고 애도의 말을 전해 보지만 눈물을 보이는 상주는 그리 흔치 않다. 그리고 곧바로 이어지는 질문은 고인의 연세가 어떻게 되고, 어떻게 돌아가셨는지에 따라 위로의 단어가 전해진다. "사실만큼 사시다 돌아가셨으니 너무 슬퍼하지 마세요. 오랫동안 병수발 잘하셨고, 치매로 더 이상 추한 꼴 보이기 싫어 이렇게 가셨나 봐요."

이렇듯 누군가 부모의 죽음의 원인에 대한 이야기들을 접하고 들을 때마다 나 역시 추한 꼴 보이지 않고, 주변에 폐 끼치기 전에 죽어야 정말 좋은 죽음일 거라고 정의 내린다. 그리고 억척스럽게 자식들을 길러낸 부모가 기저귀를 차고 누워 있거나 치매에 걸려 자식도 못 알아보는 지경에 이른 모습을 보는 자식들의 참담한 심경과 그런 나를 바라보는 시선을 생각하면서 오래 살고 싶지 않다는 이유에서 정당성을 찾는다.

문제는 이런 생각들이 고인의 삶과 죽음의 가치를 도외시한 채, 사람들은 오로지 고령화 사회의 비용 문제로만 접근하고 있다는 것이다. 몇 십 년 후에는 노령인구가 얼마나 늘고, 생산연령인구가 부양해야 할 노령인구가 1인당 몇 명이 된다는 등 하나같이 경제적 논리에 맞닿는 이야기뿐이다. 이러니 요즘 늙어가는 이웃들이 다 내 자식 등 쳐먹을 파렴치한으로 보이고 자식들에게 폐 끼치기 전에 죽어야 한다는 결론에 이른다. 75살이 되면 국가가 죽음을 권하고, 폐 끼치지 않기 위해 죽음을 선택하는 이들을 그린 영화 '플랜 75'가 현실로 다가오는 것 같아 마음이 씁쓸하다.

나 역시도 앞으로 내가 나이 들어 아프고 병들어 육체나 정신이 훼손되면 자식들에게 폐 끼치지 않고 빨리 죽는 게 낫다는 생각을 계속해서 해왔다는 것이다. 문제는 이런 생각들이 개인의 신념이 아니라 사회적 통념, 노인 혐오에 대한 명분으로 굳어져 가면서 병든 당사자와 보호자의 고통은 사라지고 병든 노인은 쓸모없는 존재, 무가치한 존재, 다음 세대의 어깨에 올라타 그들을 착취하는 존재로만 남게 된다. 아프면 아픈 대로, 망가지면 망가지는 대로 삶에 대한 애착이 있고, 내 삶을 지켜나가기 위한 분투가 있다.

그 과정에는 '살 가치'와 '인간의 존엄'이 존재한다. 그 실체가 보이지 않는다면 드라마, '이상한 변호사 우영우'에서 자폐 등 장애나 불치병을 가진 사람들의 '살 가치'에 대한 대사를 떠올려보자. 드라마 속 주인공은 자신의 삶을 "흰고래 무리에 속해 함께 사는 길 잃은 외뿔고래"라고 정의하면서 "제 삶은 이상하고 별나지만, 가치 있고 아름답습니다"라고 말해 감동을 주었다. 이 대목에서 울컥했다는 시청자들이 많았다.

죽음도 마찬가지다. 죽음의 원인에 따라 죽음의 무게가 달라질 수는 없다. 의대생의 죽음과 발달장애인의 죽음이 서로 다른 무게로 받아들여질 수 없듯이, 저마다 어떤 원인으로 죽음을 맞이했든 한 사람의 죽음은 너무나 허망하고 안타깝고 다른 한 사람의 죽음은 그저 가엾은 죽음이 아니라 그들이 생전에 가지고 있었던 잠재력의 차이만큼 죽음의 무게는 다르지 않다. 그래서 저마다의 죽음은 그 자체로 가치 있고 존엄스러운 게 아닐까.

헤라클레스의 손짓

꿈을 꾸던 헤라클레스는 갈림길에서 두 여인을 만났다.
먼저 한 여인이 헤라클레스에게 손짓을 보냈다.

"혹시 당신의 이름을 물어도 될까요?"

나를 싫어하는 사람들은 나를 '악덕惡德'이라고 부르기도 하지만, 그렇다고 뭐 이름에 신경 쓸 필요는 없어요. 다들 자기와 맞지 않으면 그렇게 부르잖아요. 나는 당신이 인생의 길을 앞두고 망설이고 있다는 것을 알고 있어요. 만약 당신이 내 손을 잡고 함께 가겠다면 나는 기꺼이 가장 즐겁고 편한 길을 안내하겠어요. 당신은 그 어떤 고통도 맛보지 않을 거예요. 또한 세상의 온갖 즐거움과 쾌락을 맛볼 수 있을 거예요. 당신은 구엇을 보고 무엇을 듣는 것이 즐거운 일인지, 어떻게 하면 안락한 잠자리에서 잘 수 있는지에 대해 생각하거나 그것들에 대해 관심만 가지면 돼요. 나머지는 전혀 걱정할 필요가 없답니다. 당신이 해야 할 것은 남이 열심히 일해서 만들어놓은 것을 쓰고 이익이 되는 일에만 손을 대는 거예요. 왜냐하면 말이죠, 나는 나를 따르는 모든 사람에게 모든 이익을 챙길 수 있는 권능을 가지고 있기 때문이죠. 저와 함께 간다면 아주 쉽게 욕망을 마음껏 채울 수 있답니다. 이때 다른 갈림길에 서 있던 여인도 헤라클레스에게 손짓을 보냈다.

"혹시 당신의 이름을 물어도 될까요?"

제 이름은 '미덕美德'이라고 해요. 내 친구들은 나를 '행복'이라고 부르기도 하지요. 나는 당신의 내면세계에 대해서도 잘 알고 있어요. 만약 당신이 내 손을 잡고 길을 떠난다면 당신은 훌륭한 업적을 남긴 위대한 사람이 될 수 있을 거예요. 물론 그로 인해 명성이 높아지겠지만 그러나 그 길은 가시밭길처럼 험하고 고통스러울지도 몰라요. 이 세상에 존재하는 모든 선하고 아름다운 것은 모두 인간의 노력에 의해서만 얻어지기 때문이에요. 친구로부터 믿음을 얻고 싶다면 먼저 친구에게 선을 베풀어야 하듯이, 많은 사람들로부터 사랑을 받고 싶으면 그들을 위해 제 마음을 나누고 함께 고통을 헤쳐나가야 한다는 믿음 때문이죠.

그러자 '악덕惡德'이 때를 놓치지 않고 두 사람의 대화에 끼어들었다.

헤라클레스여, 이 여자가 말하는 기쁨은 너무나 멀리 있어요. 나와 함께라면 빠르고 가까운 지름길을 찾을 수 있어요. 그리 길지 않은 인생이에요. 짧은 인생에서 즐거움과 내가 원하는 것을 다 할 수 있다는 것 외에 또 무엇이 필요한가요?

갈림길에서 한참을 고민하던 헤라클레스는 어떤 여인을 선택할 것인가 망설이다가 힘들어도 참된 행복의 길을 걷기도 결단하며 꿈에서 깨어난다. 우리의 삶에도 이처럼 빛나는 선택의 순간이 있다. 최선의 선택이 쉽지 않기에 때로는 잘못된 길로 가기도 하겠지만 어느 길을 선택하든 그 길이 스스로의 선택에 의해 만들어진 길이라는 것을 기억해 낸다면 누구나 헤라클레스의 길을 선택하기가 쉬워질 것이다.

어떤 위로

짙은 안개가 길 끝을 지웠다. 숲을 장악한 듯 사라지지 않는 안개 속으로 계속 걸었다. 꿋꿋한 절개를 자랑하듯 웅장한 소나무 군락이 시간이 멈춘 비밀의 옛 정원처럼 고즈넉한 분위기를 자아내며 제일 먼저 나를 반긴다. 안개의 알갱이가 솔잎 끝에 모여 이슬처럼 맺혀 있다. 제멋대로 자란 소나무 줄기가 교차하고 겹치며 자랐지만 서로 사이가 좋아 보였다. 그 사이로 뒤틀리고 구멍 난 줄기가 제 무게를 견디지 못해 옆으로 누워 뻗다가 철골 구조물에 의지하고 있는 소나무 한 그루의 모습도 보인다. 한순간도 허투루 산 적 없을 것 같은 그 모습에서 일상사 크고 작은 고민들이 갑자기 설 자리를 잃는다. 가슴속 상념은 솔바람에 흘러가고 평온함이 찾아온다. 일상의 깨달음을 얻어낸 괜찮은 위로였다.

먼 데 풍경이 희미하다. 물소리를 들으며 찾아간 소실점 끝에는 상수리나무, 산벚나무, 아까시나무 등이 서로 어울려 살고 있는 곳이었다. 발아래엔 붉은 융단 같은 길을 내어주고, 산벚나무는 나뭇가지를 흔들어 파르르 인사를 건네고 상수리 나무는 잎을 흩날리며 말을 건넨다. 빈 의자에 앉아 살살 불어오는 소슬바람을 느끼며 그에게 질문을 던졌다. "살다 보면 이 길이 맞았는지 틀렸는지 알 수가 없어 불안해질 때가 많아. 어떤 길로 가야 맞게 가는 길인지, 그 정답을 알고 싶어." 그러자 그가 말했다. "삶이라는 책에는 정답이 나와 있지 않아. 정답은 찾는 것이 아니라 네가 선택한 대로 만들어가는 거야." 나무들이 건네준 적지 않은 위로였다.

숲속 그늘 진 자리에 청설모 한 마리가 뽀르르 나무의 몸통을 타고 내려와 도토리를 돌려가며 까먹다가 남은 열매를 겨울철 식량으로 비축해 두기 위해서 땅속 이곳저곳을 헤집고 있다. 묻어둔 도토리 중 95%는 다음에 다시 기억해 낼 수 없다는 것을 익히 알면서도 같은 행동을 계속하고 있다.

마치 찾아내지 못한 도토리가 겨울이 지나고 봄철에 싹을 틔워 숲을 이루고 다시 자신의 양식이 되어줄 수 있다는 비밀을 알고 있기에 열심히 기억의 부재 연습을 하고 있는 것처럼 보인다. 사람들도 만약 인생의 모든 순간을 기억한다면 행복할까. 전부 기억해 낸다면 오히려 잊지 못해서 괴롭거나 지난 일에 대한 후회로 속상할 것 같다. 청설모처럼 애써 찾아내지 않은 기억들이 다시 싹을 틔워 생명의 양식이 되어줄 수 있는 것처럼 나 역시 사소하지만 내게 부정적인 영향을 주는 기억들은 지우고 잊어버릴 수 있으면 좋겠다. 왠지 든든한 위로다.

어떤 감동

나의 눈길을 사로잡은 사진 한 장. 그것은 함박눈이 펑펑 쏟아지는 날, 벌벌 떨면서 따뜻한 커피 한 잔을 사먹을 수 있게 도와달라는 노숙인에게 자신이 입고 있던 외투를 벗어서 입혀주며 커피 값을 건네주고 말없이 눈 속으로 사라지는 감동적인 장면이었다. 나처럼 신문지면을 통해 사진을 본 사람들도 눈이 펑펑 쏟아지는 가운데 한 사람이 또 다른 사람에게 외투를 입혀주는 그 사진 속의 장면을 보고 울컥한 마음 앞에서 뭔지 모를 딜레마적 질문들이 오갔을 것이다. 내가 익히 알고 있는 세상의 모습과 다르지 않았음에도 이런 신문기사를 통해 타인의 온기를 받아들이는 내가 부끄러웠다.

자신의 외투를 벗어주고 홀연히 사라져간 행인의 모습에서 생존과 인간다움의 명제를 상상해 보다가 고골리의 단편소설 '외투'를 떠올렸다. '외투'라는 단편소설은 도스토예프스키가 "우리는 모두 고골리의 외투에서 나왔다"라고 평할 정도로 비상한 사실주의를 느끼게 해주는 작품이다. 하급관리로 근근이 살아가는 소설 속의 주인공 '아카키에비치'는 자신이 생각하는 외투는 단지 추위를 막기 위한 용도 이외에도 남들에게 보이고, 그 사람들에 의해 판단되어 외적인 신분상승도 가져다준다고 믿고 있다.

그와 같은 연유로 '아카키에비치'는 궁핍한 생활 속에서도 마침내 자신이 원하던 외투를 장만하게 된다. 주인공의 새 외투에 직장동료들도 축하를 해주고 그 축하에 이어 파티에 초대되어, 그 외투 때문에 자존감이 살아나고 평소 어울리기 힘든 사람들과 함께할 수 있었다. 그러던 어느 날 '아카키에비치'는 파티에서 돌아오던 길에 강도를 만나 외투를 빼앗기게 된다. 그에게 외투를 강도에게 빼앗겼다는 사실은 곧 죽기보다 싫었던 소외된 삶으로 돌아가는 것을 의미하는 일과 같았다. 큰 충격을 받은 주인공은 집에 돌아온 뒤 급성 폐렴에 걸려 시름시름 앓다가 결국 숨을 거두고 만다.

그가 죽은 뒤 거리에는 행인들의 외투를 빼앗아가는 유령이 출몰하게 된다. 외투를 별거 아닌 걸로 생각했던 상류층 사람들은 외투를 빼앗기고 나서야 비로소 외투의 소중함을 알게 된다. 소설 속의 외투는 인간의 속물적 욕망을 상징한다. '아카키 에비치'가 새 외투를 사기 위해 끼니마저 굶는 어려움을 마다하지 않았던 것은 사람들의 인정을 받고 싶다는 욕심이 작용했기 때문이다. 하지만 그에 앞서 추위를 막아주는 외투는 생존을 위한 필수품이었던 것이다.

이런 외투를 행인은 노숙인에게 아낌없이 내어줌으로써 모든 사람들에게 외투의 진정한 가치를 알게 해주었다. 어려움에 처한 사람을 격려하고 아픔을 함께 나누기보다는 남의 불행을 거리낌 없이 sns에 전시하고 조롱하는 비정한 현실을 바라보며 늦었지만 그분에게 이 말을 전하고 싶다. 당신의 외투 덕분에 따뜻해진 건 노숙인만이 아니었다고, 따뜻한 사랑을 그 어디서도 경험할 수 없었던 노숙인에게 인간의 사랑이 얼마나 크고 깊을 수 있는지를 몸소 보여준 당신은 우리가 영원히 사랑해야 하는 사람이라고….

내 안의 친구

단순히 친구가 많다고 해서 마음을 나눌 수 있는 친구 또한 많다고 할 수 없지만, 살아가면서 진정한 친구 한 명만 있어도 그 삶은 성공했다고 한다. 나는 내 곁에 그런 친구가 몇 명은 있을 것이라 생각하지만, 사실 친구들이 나를 어떻게 생각하고 있는지는 잘 모른다. 보통은 친구를 만날 때 그냥 있는 그대로의 모습만을 보려고 노력하지만, 나를 마음에 들어 하지 않아도 나로선 그뿐이다. 무리하거나 애써가면서 누구와의 관계를 일부러 유지해 나가려고 환심을 쓰지는 않는다. 사람이 연민을 갖는 건 쉬워도 관계의 단절은 말보다 쉽지 않기 때문에 오는 친구 막지 않지만 가는 친구 붙들지도 않는다. 그냥 자연스럽게 서로를 이해하며 흘러가는 대로 놔둔다. 나 역시 그냥 있는 그대로의 나를 천천히 보여주면서 말이다.

어떤 때는 친구라는 존재가 때로 가족보다 연인보다 더 허물없이 가깝게 느껴진다. 그래도 오래 곁에 머물러주는 사람, 그가 바로 내 친구다. 가끔은 말없이 나에게 깊은 감동과 호감을 주는 친구가 있다. 화려하게 드러나지는 않지만 그런 친구한테는 맑은 향기가 느껴진다. 반면에 실망을 주는 친구도 있다. 자기 좋을 때만 찾아오는 친구, 이익이 큰 쪽으로만 움직이는 저울 같은 친구가 있는가 하면 생각만 해도 편안하고 마음 든든한 친구, 한결같은 마음으로 지지해 주는 꽃과 같은 친구도 있다. 하지만 나 역시 누군가에게는 그런 존재였을 수 있다는 것을 자각하며 있는 그대로 친구들을 인정하고 받아들이려 노력한다.

나는 친구란 이름의 존재를 통해 그에게 투사된 내 마음을 경험한다. 내가 불편하면 불편한 시각으로 보게 되고 진심으로 상대의 좋은 점을 인정하기 시작하면 저절로 좋아지기 시작했다. 그것은 내 마음속에서 살아가는 또 다른 나의 부족함이다. 하지만 친구 관계에서 신뢰는 한 번에 만들어지지 않듯 한 번의 사건으로 깨지지 않는다. 나쁜 경험이 계속될 경우, 그에게 상처받기보단 그런 내 경험에서 더 배우고 깨어나고자 느력한다. 단순하게 오래전부터 알아왔다는 이유만으로 서로가 존중받지 못하는 관계를 이어나가고 싶지는 않다.

세상의 모든 친구들은 누구나 좋은 친구와 함께하고 싶어 한다. 그래서 아무 조건 없이 내 편이 되어줄 친구가 있다는 것은 그 어떤 것보다도 든든하고 가치 있게 느껴진다. 자신의 감정에 솔직할수록 친구 관계는 더욱 돈독해지는 것 같다. 가까운 사이인 만큼 상처주지 않도록 그 소중함을 잊지 말고 친구들의 마음을 편하게 해주는 사이가 되어야 하겠다. 행복감을 더해 주는 친구들에게 나의 마음을 더 많이 나눠주어야 하겠다.

좋은 친구라고 한다면 일 분 안에 당신의 문제가 무엇인지 말해 줄 수 있다. 물론 말한 후에는 좋은 친구로 보이지 않을 수 있지만…

– 아서 브리즈번

반짝이는 깨달음

마음공부를 마친 수행자가 현인賢人과 작별 인사를 나누면서 그에게 마지막 간청을 올렸다. "떠나는 저에게 마지막 가르침을 부탁합니다." 그러자 현인은 "세상 살아가는 데 그만하면 큰 어려움이 없을 것이다. 그러나 단 한 가지 특별히 주의해야 할 것이 있다. 복福 받은 사람에게는 절대 함부로 덤비지 말라"는 당부의 말씀을 주셨다. 수행자는 다시 물었다. "그 복이라는 게 뭔데 함부로 덤비지 말라고 말씀하시는지요?"

복이란 가난한 사람에게 물으면 돈 많은 것이 복이라 하고
돈 많은 사람에게 물어보면 건강한 것이 복이라 하고
건강한 사람에게 물어보면 화목한 것이 복이라 하고
화목한 사람에게 물어보면 자식 있는 것이 복이라 하고

자식 있는 사람에게 물어보면 무자식이 복이라 한다.
이와 같은 진리를 깨달은 사람은 지혜로운 사람이며,
지혜로운 사람은 마음이 저절로 흔들리지 않고 이미
대자유의 경지에 이른 사람이니 절대 함부로 덤비지 마라.

결국 복이란 남에게는 있는데 나에게 없는 것을 얻게 되는 것을 말하는 것 같다. 바꿔 생각하면 남에게는 없는데 나에게는 있는 것, 그 자체가 복이라면 복은 받는 게 아니라 짓는 것이다. 공통된 맥락으로 이어보니 나도 복 받은 게 참 많은 것 같다. 이렇게 조금씩 반짝이는 깨달음을 통해 나도 복을 받기만 할 게 아니라 복을 짓는 지혜로운 사람이 되었으면 좋겠다. 모든 일이 그렇듯 항상 해답은 자신 안에 있겠지만….

한여름 밤의 꿈

세월은 나의 생각과 상관없이 무심하고도 잔혹하게 굴러간다. 사람들은 내가 어떤 삶을 살아왔고 어떻게 살아왔는지 자세히 모른다. 지상에서 애벌레로 태어나 다시 땅속 지하 세계로 내려가 기나긴 인고의 세월을 참아내야만 다시 지상으로 올라올 수 있는 숙명적인 운명을 가지고 태어난 나는, 그 자체로 생명으로 존재함에도 늘 불안에 떤다. 지상과 암흑의 세계를 오가며 소멸과 탄생을 반복하는 무한한 연속, 어듬의 세계에서 추위와 두려움을 뚫고 여름이 무르익어갈 무렵, 땅 위에서 성충으로 존재하다 짧은 생을 마감해야만 하는 운 좋은 나의 삶은 이미 살아버린 삶이 아니라, 운명의 부담처럼 짊어져야 하는 도돌이표 삶의 연속이었다.

세상은 무서운 속도로 바뀌는데, 변화에 적응하기는 힘들고 바뀐 세상에 서러움을 느끼며 세상 밖으로 나가도 내 자리가 없을지도 모른다는 두려움이 엄습한다. 이러다 밖에 나가보지도 못한 채, 영원히 땅속에 갇히는 건 아닐까. 두려움의 상처를 안고 있는 나에게 친구가 위로의 말을 전한다. "너는 세상 밖으로 반드시 나갈 수 있을 거야. 앞날을 믿고 우리 모두 오늘도 최선을 다해 살아가자. 그리고 흐린 하늘처럼 우리의 삶이 아무리 아득해 보일지라도 견디며 살아보자. 살다 보면 삶의 어깨너머로 우리의 어둠을 밝혀주는 빛들로 피어날 날이 오고야 말 테니까…", "그럼 우린 언제 나갈 수 있을까?", "나는 매일같이 죽어가는 환영을 느끼지만 내가 아주 어릴 때 보았던 바깥세상을 다시 한번 꼭 보고 싶어." 차가운 고통의 상태는 그렇게 되찾은 목소리를 원 없이 친구에게 들려주며, 내가 미처 듣지 못했던 나의 목소리를 듣게 해준다.

길고도 고통스러운 여정에서 평온한 일상이 계속되었다면 하지 않았을 고민, 놓쳐버렸을 질문을 통해 우리는 본질적인 것에 다가가고 있는지 모른다. 암흑의 세계에서 애벌레의 모습으로 비쳐지는 끔찍한 얼굴과 직면하는 고통스러운 상황에서 삶의 해법을 찾아가는 과정, 그 길에서 우리는 대단치 않은 삶을 끝까지 지키려는 몸부림으로 남은 삶을 공유할 일상도 사랑이 된다는 것을 알았다. 사랑하는 몸은 서로 다르고, 사랑을 시작하고 누리는 시간도 서로 다르지만, 그 다름이 공존하는 삶을 우리는 일생이라 부르며, 그 길에서 우리는 진화하는 행운을 만나게 된다. 그리고 세상 밖으로 뛰쳐나와 그만큼 서로의 삶이 절박하였다는 걸 알려주기로 약속이라도 한 듯, 맴~맴~맴~, 맴맴맴맴~, 맴맴맴~ 목청껏 울부짖으며 미처 듣지 못했던 이야기들을 세상 밖으로 미친 듯이 쏟아냈다.

매캐한 지하주차장에서 등록금을 벌기 위해 몇 주간 붙박여 일하는 사람, 직업소개소 앞을 서성거리며 하루 일자리를 찾아 나섰다 힘없이 발걸음을 돌리는 사람, 꼭두새벽부터 일자리를 향해 바삐 움직이는 사람, 잔뜩 굽은 허리에 폐지가 담긴 손수레를 힘겹게 밀고 나가는 할머니의 모습을 보며 나는 울음을 멈췄다. 나의 울부짖음이 그들에게 사치라는 생각이 들었다. 자아의 집착과 욕망의 중심에서 벗어나려 할 때 우리가 어둠속에서 떠올리는 것은 무엇인가. 내가 암흑의 세계에서 가졌던 사랑으로 그들의 고통을 이해한다면 언젠가는 좋은 날이 올 거라는 값싼 위로는 하지 않는 쪽이 내가 지켜야 할 최소한의 예의일지도 모르겠다.

비록 그것이 한여름 밤의 꿈에 지나지 않는다 하여도 나보다 상대를 위로하는 마음, 연민하는 마음, 나보다 상대가 다음에 아프거나 상처 입을 것을 먼저 걱정하는 마음, 나의 부족함을 밀어내고 상대를 끌어안아 줄 수만 있다면 그것이 사랑일 거라 생각하며, 그날 이후로 나는 더 이상 울지 않기로 했다.

나무에 매달려 하늘을 쳐다본다. 먹구름 낀 흐린 하늘에 곧 비가 올 것 같다. 하지만 지금 이 순간만큼은 비록 비극적인 짧은 생을 살았을지라도, 오히려 삶이 그대를 속일지라도 슬퍼하거나 노여워하지 말라는 푸시킨의 속삭임을 귀담아듣고 싶다. 그리고 울지 않는 바보가 되어 짧은 생을 살다간 우리들의 삶에 대해서도 영혼의 기도를 해줄 것이라고….

'Yes'와 'No' 사이

누군가 힘들어하고 있을 때 힘이 되어주고 싶은 마음은 변함이 없지만, 그가 원하는 모든 순간에 그가 바라는 방식으로만 도움을 주는 역할을 할 수는 없는 노릇이다. 'Yes'라고 말하는 것은 어렵지 않은데, 'No'라고 말하는 것은 무언가에 걸려 입 밖으로 나오지 못할 때가 있다. 그래서 '싫다'고 말하는 것이 쉽지 않다. 상대를 향한 편견이나 믿음에서 오는 반대가 아니라 거절하는 의견일 뿐인데도 말이다.

주변 사람들이 요구하는 바를 전부 들어줄 수 없는 것처럼 아무리 좋아하는 사람과의 관계라도 거절이 필요한 순간이 올 수 있다. 기꺼이 함께할 수 있다면 그렇게 하겠지만, 'Yes'와 'No'에 대한 결과는 내가 바라는 바도, 감당할 수 있는 일도 아니다. 이럴 땐 내가 상대를 위해 얼마나 시간을 낼 수 있고 어떤 방식으로 힘이 되어주고 싶은지 곰곰이 생각해 보자. 어디까지 받아들일 수 있고 무엇을 받아들일 수 없는지를 밝히는 것이 거절이다. 사실 거절은 냉정한 듯 보이지만 그렇지 않다. 거절은 상대의 부탁에 대한 자기의 분명한 태도를 답하는 것인 반면, 쉽게 '알았다'라고 답하고 싶어 하는 본인의 마음에 대한 자기 거절이기도 하지만, 부탁한 사람으로 하여금 다른 방법을 찾게 만들어주기도 한다. 가능한 것을 거절하는 것도 자기와 상대의 해방이지만 불가능한 것이라고 어쩔 수 없이 거절하는 분명한 태도 역시 불편으로부터 해방인 것이다.

누구나 옆에 서고 싶은 마음과 내가 받아들일 수 있는 범위를 밝히는 것이 진심일 것이다. 싫어하는 것이 무엇인지, 바라는 바가 무엇인지를 아는 것은 관계에서 매우 중요하다. 물론 기대한 상대가 서운해 할 수 있을 것이다. 그러나 들어주지 못한 그 이유에 대해 진솔하게 납득시킨다면 오히려 두 사람 간에 더 좋은 결과와 상호 신뢰가 더해질 것이다. 신뢰가 깊은 관계를 만드는 데에 거절이 힘을 발휘하는 순간이다.

부탁을 받는 순간, 상대의 눈치를 보면서 거절키 힘들어 'Yes'라고 답한 후, 시간을 보내며 결국 결과에 답도 없이 흐지부지 넘어가는 미련한 사람은 되지 말자. 한 걸음 더 깊어지는 관계는 거절 이후에 시작된다. 거절 이후에 펼쳐지는 사이가 진짜 관계를 만들어가는 사이가 될 것이다. 'No'라고 말하는 것도 'Yes'와 마찬가지로 서로 마음 편하게 나눌 수 있는 하나의 의견일 뿐이라 생각한다.

집 밥의 로망

맛 블로그를 뒤적이다 가족들과 함께 식사하는 장면이 나왔다. 함께하는 집 밥에서 편안함이 느껴졌다. 일류 주방장이 만들어낸 요리와 집 밥 중에서 우리가 망설임 없이 집 밥을 그리워하는 이유는 뭘까. 이제는 없는 공간에 대한 그리움, 그런 공간의 그리움을 담은 밥상, 그 추억 속에 어머니가 차려주신 따뜻한 밥 냄새는 시간이 지나도 잊히지 않는다. 집 밥이 엄마만의 소유도 아니고 한 사람의 희생을 요구하는 것은 아니라고 생각하면서도 집 밥은 따뜻하고 든든하게 마음까지 챙겨주는 느낌이 든다. 가족들과 집 밥을 먹고 따뜻해지는 경험이 니체가 말하는 현실 세계를 의미하는 것 같다.

어떤 사람은 배달음식을 집에서 먹으면 집 밥이라고 하지만 배달음식은 배달돼서 전달되는 순간, 그것은 집 밥이라기보다 말 그대로 배달음식일 뿐이다. 집 밥은 집에서 먹는 밥이라서 집 밥이 아니다. 가족들과 같이 먹는 밥이라서 집 밥이다. 공통의 관심사를 가진 가족들과 함께하니 더 좋은 것이다. 함께 밥 먹고 얘기하는 것만큼 더 큰 사랑은 없다. 그래서 집 밥은 가족들에게 일상의 쉼표가 되어준다. 정서적 유대감, 안정감, 진정성 있는 대화를 가능케 함으로써 가족관계를 돈독하게 만들고 소통하게 만든다. 누구나 밥은 먹고 살아야 한다는 의미에서 밥은 평등이고 존엄이다. 이렇게 말하고 보니 집 밥이라는 단어에서 함께 먹는 것에 대한 우아한 철학적 의미가 느껴진다.

그런데 사실 내가 집 밥을 할 수 있는 요리는 그리 많지 않다. 냉장고에 있는 재료를 찾아서 했던 요리 또 하고 그러면서 살기 때문이다. 그나마 내가 잘할 수 있는 건 된장찌개다. 멸치랑 다시마로 국물을 내고, 파 마늘 고추 넣고 차돌박이 듬뿍 넣고 된장 한 숟갈 넣고 간도 맞추고 요리하면서 공간의 그리움을 담아내기 좋을 뿐만 아니라, 뭔가 건강해진 느낌을 주기 때문이다. 그래서 나는 혼자 찌개를 끓여서 밥을 먹을 적에도 열심히 입 밖으로 감탄하면서 먹는다. 그럴 때는 내가 먹은 밥이 곧 나인 것처럼 느껴졌다.

오늘도 된장찌개 하나에 굴비 한 마리, 계란찜, 콩나물 무침과 김치, 멸치볶음 한 접시로 차려진 집 밥이 밥상 위에 올려졌다. 자신만큼 자신의 입맛을 아는 사람은 없다고 하는데 가족들은 오늘도 내가 차려준 집 밥이 최고라고 하면서 맛나게 먹어준다. 외식이 일상화가 된 현실에서 밥상을 준비하고 차리는 일은 생각보다 번거롭고 힘이 들 때도 있지만 가족들과 밥을 함께 먹는 것은 서로 연결돼 있다는 믿음을 나누는 일이다. 찌개 냄새와 고슬고슬한 집 밥의 온기로 마음까지 덥혀주면서 시간, 공간, 추억을 공유한다. 그리고 설거지를 도맡아 해주는 가족들을 보면서 산다는 게 별 거 없이 느껴지며 행복한 마음이 스며든다. 집 밥의 로망이다.

노마드 라이프

기차를 내렸을 때 갈 곳도 없으면서 무작정 떠나고 싶을 때가 있다. 낯선 것과의 접점이 줄어들수록 호기심도 줄고 일상을 단순하게 만들어 자연스레 내 세계는 좁아지기 마련이다. 어떤 방식으로든 행복해지고 싶은 그 마음으로, 나는 세상 끝의 풍경을 달려 베네치아에 도착했다. 베네치아는 물이 길이고, 길이 곧 물인 '물의 도시'다. '사계'의 작곡가 비발디와 탐험가 마르코 폴로, 희대의 바람둥이 카사노바도 베네치아 출신이다. 118개의 자연 섬과 인공 섬을 150여 개의 운하와 400여 개의 다리가 실핏줄처럼 이어주는 신기루 같은 수상도시엔 낭만과 환상이 일렁인다. 건물 사이사이에 수로가 있고 그 수로를 따라 곤돌라를 타고 가다 보면 마치 동화 속의 나라에 온 것 같은 착각이 든다.

베네치아에서 특색 있는 즐길 거리는 곤돌라Gondola를 타고 좁은 수로의 골목을 누비는 일이다. 5~6명이 탈 수 있게 만든 곤돌라는 베네치아의 택시 같은 교통수단이다. 예전엔 곤돌라를 귀족이나 부유한 상인들이 과시하기 위해 호화롭게 꾸몄다고 하는데, 이를 금지시킨 뒤 작고 날렵한 검은색 모양으로 바뀌었다. 수상택시를 타고 대운하를 따라가면 중세시대에 세워진 비잔틴, 바로크, 르네상스의 건축물들이 파노라마처럼 펼쳐진다. 나폴레옹과 셰익스피어가 머물던 집, 카지노와 흉가 등 온갖 사연을 간직한 건물들을 가이드는 열심히 설명하지만 기억하기 어렵다. 곤돌라 사공은 '곤돌리에'라고 하는데, 우리 일행을 태운 곤돌리에는 키가 큰 탓에 다리 밑을 지날 때마다 연신 허리를 깊게 구부려 인사를 했다. 대문 아래턱까지 물이 찰랑이며 담장을 타고 넝쿨식물이 넘어온 집도 보이고 창문을 화분으로 장식해 놓았다. 카사노바의 비밀정원이라는 곳을 지나 물의 도시에 유일하다는 숲이 우거진 정원 옆을 지나갔다.

곤돌라에서 내려 골목 귀퉁이에 'PER S MARCO'라 쓰인 노란 이정표를 따라가니 '산 마르코 광장'이 보였다. 광장과 거리, 골목마다 가면을 파는 가게가 즐비하다. 기기묘묘한 가면들을 주렁주렁 매달아놓았다. 원색으로 물들인 깃털 달린 화려한 가면, 고양이를 닮은 반쪽 형태의 가면, 새처럼 긴 부리가 달린 가면 등 다양하다. 가면을 쓴 화려한 복장의 모델이 광장에 나와 관광객들과 사진을 찍고 돈을 받는다. 베네치아 가면 축제의 역사는 800년 넘는다. 가면은 해마다 사순절 전날까지 10여 일 동안 열리는 베네치아 카니발의 핵심 소품이다. 1204년 베네치아 총독이 십자군 원정대를 통해 점령한 콘스탄티노플에서 베일을 쓴 이슬람 여인을 데려오면서 유래됐다고 하나 지금은 세계 10대 축제가 될 만큼 대중화됐다.

대부분의 볼거리는 세상에서 가장 아름다운 응접실이라 불리는 '산 마르코' 광장 주변에 몰려 있다. 광장의 3면 아치형 회랑에는 기념품 가게, 아이스크림 가게 등 아케이트가 줄지어 들어서 있으며, 1720년에 문을 연 유럽 최초의 카페 '플로리안'도 광장에 붙어 있다. 바이런, 괴테, 바그너, 디킨스 등 문화계의 쟁쟁한 거장들은 물론 희대의 바람둥이 카사노바도 자주 들렀다고 한다. 플로리안의 대표적인 차는 마들렌과 함께 나오는 걸쭉한 핫초코로 한 끼 식사 값과 맞먹는다.

베네치아 양식의 산 마르코 대성당은 성인 마르코의 유골을 이집트에서 베네치아로 옮겨와 수호성인으로 모시게 된 것을 기념하기 위해 서기 828년에 건립했다. 성당 안의 황금빛 모자이크는 웅장하고 화려하다. 동양과 서양의 건축 장점을 조화롭게 구성하여 '베네치아 양식'이란 새로운 건축양식을 만들어낸 중세 건물의 걸작으로 꼽힌다. 다섯 개의 거대한 돔은 웅장하고, 입구 정면의 모자이크는 화려하다.

두 칼레 궁전과 감옥 사이 운하를 연결하는 '탄식의 다리'는 베네치아의 수많은 다리 중 특별한 사연이 깃들어 있는 다리다. 감옥으로 가는 죄수들이 바깥세상을 볼 수 없는 자신의 처지에 한숨을 쉬며 건너갔다고 해서 탄식의 다리라 이름 붙여졌다. 하얀 타원형의 다리 위에 창문 달린 건물은 죄인들의 이송통로라고 믿기지 않을 만큼 건축미가 빼어나다. 신부가 되어 부임한 카사노바도 추문으로 탄식의 다리를 건너 투옥됐다. 1756년 탈옥한 그는 유럽의 여러 나라를 돌아다니며 깔끔한 외모와 뛰어난 언변으로 바람기를 유감없이 발휘하여 많은 여성들을 유혹했다. 변화무쌍한 삶과 애정 행각을 12권의 회고록으로 남겨 그의 족적은 고스란히 드러났다. 그 외에도 셰익스피어의 희곡, 베니스의 상인에도 나오는 '리알토 다리', 유리공예로 유명한 '무라노섬', 원색의 알록달록한 집들이 인상적인 '부라노섬' 등이 대표적인 여행지로 손꼽히며 유명작품들을 감상할 수 있는 '아카데미아 미술관'과 '페기구겐하임 미술관'이 있다.

행복한 마음이 아름다웠던 추억으로 간직된 베네치아 여행, 골목길 돌계단에 앉아 기타를 치며 노래를 부르는 모습은 그 자체로 낭만이었으며, 호텔 창밖에서 바라본 풍경은 나에게 더없는 위안이 되어주었다. 설렘의 감정들은 시간이 지나면 저절로 사라져 고독해지겠지만 노천카페에서 커피를 마시며 바라본 노을 풍경, 오랑쥬리 미술관에 들러 '모네'의 수련 작품을 감상하거나 별이 빛나는 운하 속에서 와인과 파스타를 먹으며 거리를 어슬렁거렸던 생각들은 지금도 나를 행복하게 해준다. 내가 마음속에 담아온 여행은 그런 게 아니라고 해도 로맨틱한 풍경 덕에 더 특별했던 베네치아는 나의 감성을 더해 주는 멋진 여행 장소였다. 가벼운 호프 한 잔으로도 행복을 이야기할 수 있었으며, 멈춤의 공간을 만들 수 있었던 '노마드 라이프'이었다.

Time for myself

Time for myself